Over dit boek

'[Dit boek] is meer dan spectaculair. Het is grappig, hartverwarmend, betoverend en belangrijk.'
– Christiane Northrup, arts en auteur van de bestseller *Vrouwenlichaam, vrouwenwijsheid*

'Ik ben helemaal weg van dit boek. Pam combineert een schrijfstijl zo grappig als Ellen DeGeneres met een wijsheid zo diepgaand als die van Deepak Chopra om een krachtige boodschap over te brengen en een serie experimenten te bieden die je er zonder enige twijfel van overtuigen dat onze gedachten echt onze werkelijkheid creëren.'
– Jack Canfield, een van de samenstellers van de succesvolle *New York Times*-boekenserie 'Chicken Soup for the Soul' en auteur van *De Succescode*

'Als een 53 jaar oude, sceptische radiopresentator uit het Middenwesten met stoere praatjes dit misschien wel het slimste en meest relevante boek met betrekking tot 'hoe het werkt' noemt, kan de bestsellerlijst niet ver weg zijn, lijkt me. [Pams] verhaal ... boodschap en eerlijkheid en humoristische kijk op de mens zijn niets minder dan ijzersterk.'
– John St. Augustine, voormalig producer van *Oprah and Friends* en auteur van *Every Moment Matters*

'Ik heb dit boek opgeslurpt als een groot glas limonade op een warme dag. Ik bleef maar zinnen onderstrepen en dingen in de kantlijn zetten als "Yes!" Dit is serieus een briljant boek: rechtdoorzee en vlot en leuk, en toch wijs op een heel diepe, bevredigende manier. Pam Grout spreekt duidelijke taal: je kunt het met haar kijk op spiritualiteit eens zijn of niet, maar ik geloof niet dat je dit boek kunt lezen zonder er zekerder van te worden dat er een positieve bedoeling achter het leven zit. Dat er van ons wordt gehouden. En dat we belangrijk werk te doen hebben.'
– Victoria Moran, levenscoach en auteur van tien boeken, waaronder *Creating a Charmed Life* en *Mooi van Binnenuit*

'Dit boek is een vernieuwende gids voor praktische mystiek. Ik vind het zo goed dat het me niet vraagt om de rede uit het raam te gooien. In plaats daarvan mag ik de scepticus in mij tevredenstellen door de simpele experimenten uit te proberen en met eigen ogen te zien wat daar uitkomt. En weet je wat? Ze werken!'
– Dr. Dave Smiley, maker van *The Inner Weigh*, een film over spiritualiteit, de geest en fysieke transformatie

PAM GROUT

JOUW GEDACHTEN CREËREN JOUW WERKELIJKHEID

9 EXPERIMENTEN OM HET TE BEWIJZEN

AnkhHermes

Oorspronkelijke titel: E^2, *Nine do-it-yourself energy experiments that prove your thoughts create your reality*, uitgegeven door Hay House Inc., Carlsbad (CA), Verenigde Staten

Vertaling: Marijn van der Zwaard-Hoogendam

Omslag: Amy Rose Grigoriou

CIP-gegevens

ISBN: 978 90 202 10866
ISBN e-book: 978 90 202 10873
NUR: 728

Trefwoord: energie/gedachtekracht/intentie

© Oorspronkelijke uitgave Pam Grout 2013
© Nederlandse vertaling 2014 Uitgeverij AnkhHermes, onderdeel van VBK|media, Utrecht

Uit deze uitgave mag uitsluitend iets verveelvoudigd, opgeslagen in een geautomatiseerd gegevensbestand en/of openbaar gemaakt worden door middel van druk, fotokopie, microfilm, opnamen, of op welke andere wijze ook, hetzij chemisch, elektronisch of mechanisch, na voorafgaande schriftelijke toestemming van de uitgever.

Any part of this book may only be reproduced, stored in a retrieval system and/or transmitted in any form, by print, photoprint, microfilm, recording, or other means, chemical, electronic or mechanical, with the written permission of the publisher.

VOOR ROOSKY

Moge jouw licht voor altijd schijnen

INHOUD

Voorwoord door Geert Kimpen   9

Inleiding   13

Introductie: Het Instorten van de golffunctie:
Waar we inzien dat we verkeerd zijn geïnformeerd   31

De voorbereiding   57

Experiment 1: Het The Dude Abides Principe:
Er bestaat een onzichtbare energiekracht of een veld van
oneindige mogelijkheden   63

Experiment 2: Het Volkswagen Jetta Principe:
Hoe je het veld beïnvloedt en wat je eruit haalt is afhankelijk
van jouw overtuigingen *en* verwachtingen   81

Experiment 3: Het Alby Einstein Principe:
Ook jij bent een energieveld   95

Experiment 4: Het Abracadabra Principe:
Wat je aandacht geeft, groeit   111

Experiment 5: Het Dear Abby Principe:
Je contact met het veld biedt je zorgvuldige en onbeperkte
begeleiding   137

Experiment 6: Het Superhelden Principe:
Jouw gedachten en bewustzijn beïnvloeden materie   155

Experiment 7: Het Jenny Craig Principe:
Jouw gedachten en bewustzijn geven je fysieke lichaam
instructies   173

Experiment 8: Het 101 Dalmatiërs Principe:
Je bent verbonden met alles en iedereen in het
universum   185

Experiment 9: Het Brood en Vis Principe:
De kosmos is oneindig, overvloedig en buitengewoon
welwillend   201

Nawoord: Maak elkaar gelukkig   219

Dankwoord   222
Over de auteur   223

VOORWOORD

Ik ben nogal huiverig voor mensen die zichzelf spiritueel noemen. Alsof het een kwaliteit is die zij zelf wél hebben, en de rest van de mensheid niet. Het zou een vreemde keuze van de schepping zijn om een gedeelte van de mensheid wel met een zesde zintuig uit te rusten, en de grote meerderheid niet. Toch is er een heel legioen hulpverleners van aurareaders tot mediums en van magnetiseurs tot en met pendelaars die zich beroepen op een zeldzame gave die ze tegen vergoeding willen inzetten.

Natuurlijk zijn er mensen die hun zesde zintuig beter ontwikkeld hebben dan anderen, net zoals sommigen beter horen, zien, ruiken, voelen of smaken als anderen. Maar mijn overtuiging is dat we allemaal over dat zesde zintuig beschikken, en dat het een kwestie is van oefenen om het te ontwikkelen.

Wij, de menselijke soort, zijn sowieso uitgerust met gebrekkige zintuigen. We kunnen slechts een beperkt deel van de totale werkelijkheid zien, horen, ruiken, voelen en smaken. Honden kunnen tot 50.000 Hz horen, wij mensen slechts maximaal tot 20.000 Hz. De oude kabbalisten verklaarden al eeuwen geleden dat wij slechts een procent van de werkelijkheid waarnemen, en dat 99 procent zich voor ons afspeelt achter de schermen. Daarom zijn wij vaak geneigd enkel naar de gevolgen van iets te kijken, en ontgaan ons de oorzaken.

Heel wat zaken die nu in hocus-pocus-sferen gesitueerd worden, zijn eenvoudigweg nog niet waarneembaar of verklaarbaar voor het menselijk brein.

Isaac Newton, over wie ik de roman *De geheime Newton* schreef, was maar liefst negentig procent van zijn tijd bezig met alchemie, kabbala en esoterie. Zijn grote natuurkundige wetten waren afgeleiden van zijn esoterische proefnemingen.

Ik ben daarom blij dat Pam Grouts boek E^2 nu in het Nederlands te lezen, en vooral te beleven valt.

Want het leuke van dit boek is dat je met negen eenvoudige experimenten zelf kunt waarnemen dat je veel meer invloed hebt op de wereld om je heen, dan we soms geneigd zijn te denken.

Het uitgangspunt van de kabbala is: geloof niets wat je niet zelf onderzocht of ondervonden hebt. Dat wil ik u ook aanraden bij het betreden van Pam Grouts laboratorium.

Wees sceptisch, wees kritisch, maar volg wel nauwkeurig haar richtlijnen op. En laat je dan verrassen door je eigen 'paranormale' gave, en leer dat het cliché 'er is meer tussen hemel en aarde' niet tot de wereld der spirituelen behoort, maar gewoon gezond verstand is.

Geniet van Pam Grouts wonderlijke experimenten, zoals ik ook zelf gedaan heb! En ontdek dat intunen op de universele energie net zo gewoon is, en net zo'n geboorterecht, als het inademen van lucht.

Geert Kimpen
Auteur van onder meer *De Kabbalist, De geheime Newton, Maak goud van je leven,* en *Stap voor stap van wens naar werkelijkheid.*
www.geertkimpen.com

De manier waarop wij altijd naar het leven hebben gekeken moet aan de kant worden geschoven, zodat de waarheid tevoorschijn kan komen.
– Michele Longo O'Donnell, oprichter van Living Beyond Disease

INLEIDING

Iedereen die zich serieus met wetenschap bezighoudt raakt ervan overtuigd dat zich in de wetten van de kosmos een geest manifesteert – een geest superieur aan die van de mens.

– Albert Einstein, Duits theoretisch natuurkundige

Twee maanden voor ik 35 werd dumpte mijn vriend me na een lange relatie voor een rechtenstudente met uitgroei van ergens in de twintig. Je moet weten dat in dezelfde tijd het single vrouwen/asteroïden-onderzoek uitkwam, dat onthulde dat vrouwen van over de dertig ongeveer evenveel kans hebben om voor het huwelijksaltaar terecht te komen als om te worden geraakt door een asteroïde.

Toen ik een paar dagen in bed naar mijn plafondventilator had liggen staren, kwam ik tot de conclusie dat mij twee keuzes restten. Ik kon mijn polsen doorsnijden in een warm bad ... of ik kon me aanmelden voor een werk-leer-programma van een maand aan Esalen, het werk-aan-jezelf-mekka in Big Sur, Californië. Omdat ik wist dat mijn toenmalige huisgenote een bloedhekel aan troep had, koos ik voor Esalen.

Op de tweede avond aldaar ontmoette ik een knappe ex-surfer genaamd Stan, die me overhaalde om de avond door te

brengen met luisteren naar het gebeuk van de oceaan tegen de kliffen. Uiteindelijk vielen we in slaap in een van de massageruimten, dicht tegen elkaar aan om warm te blijven. Niet dat dat hielp. Er kan in april een felle wind vanaf de Atlantische Oceaan waaien, en ondanks onze gecombineerde lichaamswarmte vroren we bijkans dood. Nu ik erover nadenk, dat zou wél een oplossing voor mijn dilemma aangaande geknoei bij zelfmoord zijn geweest.

Als Stan niet zo leuk was geweest, en ik de hufter die me als een lege chipszak aan de kant had gegooid niet zo dolgraag wilde vergeten, had ik mezelf vast en zeker geëxcuseerd en was ik teruggegaan naar mijn gevoerde slaapzak. Maar ik bleef tot het dag werd en het ochtendlicht onthulde dat er naast het matje waarop wij tegen elkaar aan waren gekropen al die tijd een straalkachel had gestaan. Een straalkachel, die we aan hadden kunnen zetten om warm te blijven!

Dat is in een notendop waar dit boek over gaat. Er is altijd een straalkachel – of liever gezegd een onzichtbare bron van energie – tot onze beschikking, maar we hebben nooit de moeite genomen hem aan te zetten. De meesten van ons zijn zich er niet eens van bewust dat die 'straalkachel' bestaat. We zien het leven als een gokspelletje. C'est la vie.

Zij die wél van het bestaan van de 'straalkachel' weten (oftewel: het energieveld dat ons de mogelijkheid geeft om ons leven te bepalen en vorm te geven), begrijpen niet hoe het werkt. We hebben weleens gehoord dat je hem aan kunt zetten door te bidden, dat je zorgt dat-ie blijft branden door goed te doen. Maar niemand lijkt het zeker te weten. De ene goeroe zegt dat je moet chanten. De volgende stelt meditatie voor. Die van vorig jaar vond dat je je gedachten moest reinigen en je

trillingsfrequentie moest verhogen. Dus wat is het nou? Is die energiekracht echt zo vaag en mysterieus? En waarom werkt het maar af en toe? Op zijn best is het kieskeurig en grillig, niet iets waar je op kunt bouwen.
Of toch wel?
Ik zou willen zeggen dat dit onzichtbare energieveld honderd procent betrouwbaar is. Het werkt altijd, net als een wiskundige formule of een natuurkundige wet. Twee plus twee is *altijd* vier. Als je een bal van het dak gooit valt hij *altijd* naar beneden. Een gedachte heeft *altijd* invloed op de fysieke werkelijkheid.

Zien Is Geloven

Ik ruk me los van alles wat ik denk te weten. Zekerheid is heel handig, maar het kan je geest ook afsluiten voor het ware licht.
– David O. Russell, filmmaker

Als je *The Secret* hebt gelezen of je weleens in metafysische of spirituele kringen hebt begeven, weet je al dat je gedachten je werkelijkheid creëren, dat er in de kosmos een kracht is die kan genezen en dat jij en alleen jij jouw leven vormgeeft. Er is helaas één klein probleempje, een addertje onder het gras. Je gelooft dat niet *echt*. Niet helemaal.
Eigenlijk opereren de meesten van ons nog vanuit de mentale architectuur van onze voorouders. We denken dat we ons leven sturen met onze briljante ideeën en gedachten. We denken dat we onze intenties affirmeren en nieuwe mo-

gelijkheden creëren, maar in werkelijkheid zetten we steeds opnieuw dezelfde oude plaat op, met ingesleten patronen en automatisch gedrag, grotendeels aangeleerd voor we vijf jaar oud waren. Wij zijn net de honden van Pavlov, we reageren simpelweg op patronen die we al hebben opgepikt voordat we intelligent genoeg waren om verstandige keuzes te maken. Veel gedachten waarvan je denkt dat ze van jezelf zijn, zijn eigenlijk verborgen overtuigingen van anderen, die je zonder er verder over na te denken hebt overgenomen. Je positieve gedachten zijn in strijd met die oude, ontmoedigende programmering. Met andere woorden: je bewustzijn, de kracht die *altijd* je werkelijkheid beïnvloedt, zit erin gevangen.

Niet lang nadat ik was afgestudeerd, mijn eerste baan kreeg en mijn eigen zaakjes regelde, werd ik geplaagd door negatieve gedachten over geld. Ik piekerde erover, vroeg me voortdurend af of ik al bijna blut was, en of ik me de fiets die ik zo graag wilde en de nieuwe computer die ik nodig had wel kon veroorloven. Op een dag, ik was 's ochtends vroeg aan het joggen, viel opeens het kwartje. Die gedachten waren exacte klonen van opmerkingen die mijn moeder vaak maakte tijdens mijn jeugd. En hoewel mijn eigen leven geen enkel bewijs leverde dat die angsten ondersteunde, had ik ze zonder het te beseffen rechtstreeks naar mijn bewustzijn gedownload.

Ik hoef er niet bij te zeggen dat die manier van denken me geen steek verder bracht. En dus heb ik de visie die mijn financiële leven beheerste heel bewust veranderd in: 'Ik kan me alles veroorloven wat ik wil. Om precies te zijn: ik ben zo welgesteld dat ik me nooit meer zorgen over geld hoef te maken.' Omdat ik een onafhankelijk, freelance schrijver was, benoemde ik God tot algemeen directeur van mijn carrière. Dat onzekere schrijversbestaan hield ik nooit vol met de ondeugdelijke programmering en negatieve gedachten die ik uit mijn verleden had gedownload, bedacht ik me. Ik had duidelijk een nieuwe energetische instelling nodig.

De werkelijkheid is veranderd, gast!

Als we zouden werken aan de veronderstelling dat wat als waarheid wordt aangenomen werkelijk waar is, zou er een beetje hoop op vooruitgang zijn.
– Orville Wright, Amerikaans uitvinder

Hoewel is bewezen dat het reductionistische, mechanistische wereldbeeld niet klopt, zit het nog steeds diep verankerd en ingebed in onze cultuur. Neurowetenschappers vertellen ons dat 95 procent van onze gedachten wordt gestuurd door ons voorgeprogrammeerde, onbewuste brein. In plaats van daadwerkelijk te denken, kijk je naar een 'film' van je verleden.

Als je niet was ondergedompeld in dit voortdurende tumult van oldschool, gefragmenteerd denken, zou je je leven naar jouw wensen kunnen veranderen. Je zou niet piekeren over geld, je zou alleen maar prachtige relaties hebben en je zou zo waanzinnig tevreden zijn dat het niet in je zou opkomen een boek als dit te kopen.

Om heel eerlijk te zijn, ik ben blij dat je dat wel hebt gedaan. Dit kleine boek zal je eens en voor altijd bewijzen dat jouw gedachten macht hebben en dat een veld van oneindige mogelijkheden wacht tot jij er aanspraak op maakt. Het zal je helpen

INLEIDING 17

de achterhaalde manier van denken die jouw leven bepaalt te veranderen.

In plaats van met een indrukwekkend pleidooi te komen, zoals waarover je hebt gelezen in al die andere boeken over het veranderen van de werkelijkheid, bevat dit boek negen eenvoudige experimenten die direct bewijs leveren. Dat geeft je de mogelijkheid om in plaats van te 'weten' dat je gedachten je werkelijkheid creëren, het te zien gebeuren, elke dag weer, bij elk besluit dat je neemt.

Op dit moment is het alleen nog een theorie. Maar als je met eigen ogen ziet dat je de werkelijkheid kunt veranderen door haar simpelweg te observeren, zal je brein worden geherprogrammeerd en word je verlost van je oude patronen. Als je door middel van wetenschappelijke experimenten leert hoe sterk je verbonden bent met het veld van mogelijkheden, word je letterlijk bevrijd.

De magie die we overboord hebben gegooid

Jeetje, wat houdt de wereld toch van zijn kooi.
– Tess Lynch, schrijver, gentlewoman en essayist

De kwantumfysica omschrijft het veld als 'onzichtbare bewegende krachten die de fysieke wereld beïnvloeden'. In dit boek leer je het veld van mogelijkheden (ik noem het ook wel het VM) in jouw voordeel te gebruiken. Omdat energie onzichtbaar is en wij nog steeds handelen vanuit het ouderwetse grondbeginsel dat materie het belangrijkst is, hebben we nog niet geleerd deze essentiële bouwsteen optimaal te benutten.

De komende 21 dagen, zo ongeveer de tijd die je nodig hebt om de experimenten in dit boek uit te voeren, krijg je de unieke kans om een bewuste band op te bouwen met energie (zelfs materie, zei kwantumfysicus David Bohm, is niets anders dan 'bevroren licht') en te leren het te transformeren in alles wat je maar wilt – of dat nu innerlijke rust is, geld of meer voldoening uit je werk. Je kunt het VM zelfs inzetten om een vakantie naar Tahiti te regelen.

Neem mij nou, bijvoorbeeld. Een paar jaar geleden besloot ik een maand in Australië door te brengen. Een chiropractor op wie ik smoorverliefd was had daar net een baan gekregen om met Aboriginals te werken. Hoe zouden wij, vroeg ik me af, ooit een relatie krijgen als ik in Kansas was en hij ruim 10.000 mijl bij mij vandaan zat? Een verstandig mens zag met één blik op mijn bankrekening dat een vliegticket naar Sydney van 1500 dollar, de gangbare prijs in die tijd, er niet in zat. Maar ik wilde erheen, en ik had het geluk te weten dat het veld van mogelijkheden daarvoor kon zorgen.

Ik begon de reis voor te bereiden, zag mezelf al helemaal door de branding van Sydney rennen. Ik maakte het beeld in mijn hoofd zo mooi mogelijk.

Binnen een week belde mijn chef van het tijdschrift *Modern Bride*.

'Ik weet dat het kort dag is', begon ze, 'maar zou jij heel misschien naar Australië willen om een reportage te maken over een huwelijksreis? We betalen je extra.'

'Eh, oké', zei ik. 'Als het echt moet.'

Je kunt energie ook inzetten om je lichaam te genezen en te veranderen. Ik was eens met een vriendin aan het hiken in de buurt van Steamboat Springs, Colorado. Terwijl ze het enige

pad in het hele gebied opklom, struikelde ze over een steen, waarna ze haar enkel vol afgrijzen zag opzwellen. En dan bedoel ik ook echt *opzwellen*. Als dit naast een ziekenhuis was gebeurd, was het geen enkel probleem geweest, maar wij tweeën waren 70 minuten (als je snel loopt, wat zij niet kon – ze kreupelde) verwijderd van de dichtstbijzijnde telefoon, dus hou maar op over een ziekenhuis. Ik zei dat ze haar lichaam moest opdragen om te stoppen met opzwellen. Ze begon te schreeuwen: 'Stop met zwellen! Genees! Stop met zwellen! Genees!'

'Je mag het ook zachtjes zeggen, hoor', zei ik haar.

Het is ons gelukt terug bij ons kamp te komen, en ze hoefde niet eens naar de dokter.

VM = OM (Oneindige Mogelijkheden)

> *Het leven is overal, de toekomst staat overal in bloei, maar we zien er maar een klein deel van en vertrappen het meeste.*
>
> – Hermann Hesse, Duits-Zwitserse dichter en schrijver

De negen experimenten in dit boek, waarvan de meeste maar 48 uur of minder in beslag nemen, tonen aan dat het VM net als elektriciteit betrouwbaar en voorspelbaar is en beschikbaar voor iedereen, van Sint Franciscus van Assisi tot Barbara Walters[*]. Ze bevestigen wat natuurkundigen de afgelopen 100 jaar hebben ontdekt – dat het veld ons allemaal verbindt en dat wij ons leven zelf in de hand hebben omdat elke gedachte

---

[*] Barbara Walters is een Amerikaanse journalist, auteur en tv-presentatrice.

een energiegolf is die alles in het universum beïnvloedt. Maar net als bij elektriciteit moet je wél de stekker erin steken. En je moet potverdorie ophouden met vaag doen. Geen normaal mens zou een warenhuis opbellen en zeggen: 'O, stuur me maar iets wat ik leuk vind.' Net zo min als je de loodgieter belt om je toilet te laten repareren en dan zegt: 'En kom maar gewoon als je zin hebt.' Toch is dat wel hoe de meeste mensen met het veld omgaan. We zijn veel te voorzichtig en vaag, en hebben geen idee hoe het nu eigenlijk werkt.

E-Kwadraat legt je niet alleen uit hoe het VM werkt, maar biedt je daarnaast negen experimenten die je geen van alle geld kosten en maar een klein beetje van je tijd, en die bewijzen dat gedachten daadwerkelijk tastbare 'dingen' zijn. Ja, dat lees je goed. Er staat: *bewijzen*.

De negen energieprincipes in dit boek bevestigen dat het VM ook in jouw leven zijn werk doet, of je je nu wel of niet bewust bent van de aanwezigheid ervan. Je zult ontdekken dat het dieper gaat dan natuurkundige wetten en dat je er net zo op kunt vertrouwen als op de zwaartekracht – als je eenmaal hebt geleerd vastberaden te zijn en kristalhelder in wat je precies wilt. En bereid bent deadlines vast te leggen. En het belachelijke idee loslaat dat er iets – je weet niet eens precies wat – mis met je is. Om effectief met deze spirituele wetten aan de slag te kunnen gaan, moet je er tot diep in je botten van overtuigd zijn dat de kosmos vrijgevig is en je altijd steunt.

Ik weet niet meer precies wanneer ik doe-het-zelfexperimenten met mijn leven begon uit te voeren. Ik weet wel dat het me steeds duidelijker was geworden dat alle spirituele theorieën en boeken en cursussen waar ik zo door gefascineerd was eigenlijk helemaal geen waarde hadden zolang ik er niet volledig voor ging.

Zoals de meeste mensen begon ik met babystapjes – met simpele doelen zoals het vooraf zeker stellen van een parkeerplek, een klavertjevier vinden of interviews met belangrijke mensen regelen. Maar de 'uitkomst' die me er uiteindelijk van overtuigde dat het opstellen van een kader, het vaststellen van een deadline en het inzetten van wetenschappelijk-achtige experimenten noodzakelijk is voor werkelijke spirituele groei, was wat ik nu ook wel het spijkerwonder noem.

Ik hing al jaren een kalender naast mijn bed, die ik af en toe van de muur haalde om belangrijke gebeurtenissen op te schrijven of terug te bladeren om te zien wanneer ik voor het laatst mijn haar had laten knippen, die-en-die had gezien of naar de tandarts was geweest. Op een avond trok ik de kalender iets te enthousiast van de muur, waardoor de spijker waar hij aan hing meekwam. Ik ging op handen en knieën zitten om hem te zoeken. Zo'n klein spijkertje kon niet ver weg zijn, toch? Ik zocht en zocht en zocht. Maar het spijkertje had kennelijk een Harry Potter-achtige onzichtbaarheidsjas aangetrokken, want ik kon het nergens vinden.

Uiteindelijk besloot ik dat ik lang genoeg over het tapijt had rondgekropen en dat ik beter een intentie kon uitzenden om het spijkertje tevoorschijn te laten komen. En wel binnen 24 uur.

Toen ik de volgende ochtend wakker werd, lag het spijkertje in mijn hand, knus tussen mijn duim en wijsvinger. Vanaf toen ben ik op die manier allerlei coole dingen voor mezelf gaan regelen – van dates met knappe mannen tot terugkerende schrijfklussen waarvoor ik op reis kon tot een Toyota Prius –

maar niet één ervan maakte zo'n indruk als dat simpele spijkertje.

Mijn experimenten leverden me zulke overtuigende uitkomsten op dat ik besloot dat het tijd werd om erover te vertellen, om te zien of ze voor anderen net zo goed zouden werken. Om te beginnen raadde ik vrienden aan om simpele experimenten uit te proberen. Een collega van me, die dominee is bij de Unity-kerk, liet haar hele kerkgemeente de verslagen gebruiken die je aan het eind van elk hoofdstuk vindt. Al snel konden YOU'ers (YOU betekent Youth of Unity) zichtbaar energie rondsturen met hun Einstein-toverstafjes. Elke week werden er groepjes gevormd om experimenten uit te voeren. Ze kregen allerlei wonderbaarlijke dingen voor elkaar.

Wat mij betreft kun je een spiritueel grondbeginsel het beste, of misschien alleen maar, doorgronden, niet door erover te lezen in een boek of iemand het te horen uitleggen vanaf een podium, maar door het in een kader te plaatsen dat laat zien hoe het werkt. Als je het aan het werk ziet, wat tijdens deze experimenten gaat gebeuren, zul je volledig en onvoorwaardelijk overtuigd raken. En alleen zo kun je voorgoed worden verlost van de oldschool-architectuur van je brein.

Het nieuwe curriculum

> *Hier moet ik het vinden, precies hier, terwijl het onstuimig naar buiten barst uit het onverschillige, deprimerende dode punt van een gewoon leven ...*
> – Bob Savino, dichter en denker uit Kansas City

1. **Het The Dude Abides Principe***. Dit is het basisprincipe, het fundament waarop alle andere steunen. Het komt op het volgende neer: 'Er bestaat een onzichtbare energiekracht of een veld van oneindige mogelijkheden.' Het experiment kan het beste worden omschreven als een ultimatum. Je geeft de kracht precies 48 uur de tijd om te laten zien dat zij bestaat. Je gaat een duidelijk, niet mis te verstaan teken eisen, iets wat je niet kunt afdoen als toevalligheid.

2. **Het Volkswagen Jetta Principe.** Herinner je je die nieuwe auto die je een paar jaar geleden kocht? Toen je net had besloten dat dat je droomwagen was, leek het je een unieke auto. Je zou vast de enige in de hele stad zijn die trots in zo een rondreed. Maar tegen de tijd dat je je had ingelezen in een autotijdschrift, had besloten welke prijs je ervoor zou bieden en eindelijk bij de dealer zat, viel het je op dat zo'n beetje een op de acht auto's die je zag rijden een Volkswagen Jetta was, of wat voor auto het dan ook was die je wilde hebben. Dat gebeurt er als je ergens over begint na te denken – je trekt het je leven in.

Elke gedachte die je hebt, en elk oordeel, beïnvloedt het veld van mogelijkheden. Om precies te zijn: de werkelijkheid is niets anders dan golven van mogelijkheden die we in een vaste vorm hebben 'geobserveerd'. Het principe luidt: 'Hoe je het veld beïnvloedt en wat je eruit haalt is afhankelijk van jouw overtuigingen en verwachtingen', en om dat te bewijzen stellen we het volgende, duidelijke doel: 'Dit wil ik de komende 48 uur uit het veld halen.'

---

* 'The dude abides' is een bekende quote uit de film *The Big Lebowski* en het betekent zoiets als: 'Hij is er altijd voor je.' [vert.]

3. Het Albert Einstein Principe. Hoewel 'Ook jij bent een energieveld' een van de belangrijkste spirituele grondbeginselen is, kwam het voor het eerst aan het licht in een natuurkundelaboratorium. Jawel, het waren wetenschappers die ontdekten dat, ook al had het alle schijn tegen, mensen geen materie zijn, maar voortdurend bewegende energiegolven. Misschien is je opgevallen dat de titel van dit boek een variatie op Einsteins beroemde vergelijking is.

Dit is het enige experiment waarbij je apparatuur nodig hebt – speciaal ontworpen en perfect afgestemde apparatuur. Oké, ik heb het over een metalen kleerhaak (ik neem aan dat je, tenzij je een enorme sloddervos bent, daarvan wel een exemplaar in de kast hebt hangen) en een rietje, dat je heel makkelijk gratis scoort bij een vestiging van McDonald's.

4. Het Abracadabra Principe. De meeste mensen associëren het woord *abracadabra* met goochelaars die konijnen uit hoeden tevoorschijn toveren. Maar eigenlijk is het een Aramese term, die je kunt vertalen met: 'Als ik spreek, creëer ik.' Een heel krachtig concept. Daarom kondigde Edison de uitvinding van een apparaat vaak aan voordat hij het daadwerkelijk uitvond. En daarom schreef Jim Carrey een cheque uit van 10 miljoen voor zichzelf, lang voordat hij zijn eerste film maakte.

Het principe luidt simpelweg: 'Wat je aandacht geeft, groeit', en tijdens het experiment zul je leren dat zoiets als een loze gedachte niet bestaat en dat we allemaal veel te nonchalant en tolerant omgaan met onze dwalende gedachten.

5. Het Dear Abby Principe*. Het principe luidt: 'Je contact met het veld geeft je zorgvuldige en onbeperkte begeleiding.' Door je bewustzijn er weer mee in contact te brengen, krijg je toegang tot betrouwbare antwoorden op elke vraag die je maar stelt. De reden dat je dit niet wist, is dat je jezelf de meest onnatuurlijke staat die er is hebt aangewend: het gevoel dat je afgescheiden bent, dat je niet verbonden bent met het VM.

6. Het Superhelden Principe. Bij dit experiment, gebaseerd op het principe 'Jouw gedachten en bewustzijn beïnvloeden materie', ga je een experiment nadoen van dr. Gary Schwartz, professor aan de University of Arizona, dat aantoonde dat wanneer je intenties uitzendt naar planten, ze sneller groeien en meer licht reflecteren dan planten die geen intenties toegezonden krijgen.

7. Het Jenny Craig Principe.** Of je nu een verpakkingenlezer bent of niet, iedereen weet dat het voedsel dat je eet je voorziet van bepaalde vitaminen, mineralen en, uiteraard, calorieën. Je denkt misschien dat de hoeveelheden van deze voedingsstoffen vaststaan, dat als er op het yoghurtpak staat dat er 187 calorieën in zitten, er ook echt 187 calorieën in zitten. Wat je wellicht niet weet, is dat je gedachten over jezelf en je eten een voortdurende dans uitvoeren met je lichaam. En dat wanneer je je schuldig voelt omdat je calorieën eet, je voeding een negatieve vibe oppikt die zich direct als een boemerang tegen je keert. Met dit experiment ga je het prin-

---

* 'Dear Abby' is een vragenrubriek – het Amerikaanse equivalent van 'Lieve Mona'. [vert.]

** Jenny Craig is een Amerikaanse gezondheidsgoeroe, die beroemd werd met haar eigen afvalmethode. [vert.]

cipe 'Jouw gedachten en bewustzijn geven je fysieke lichaam instructies' bewijzen, door je eten te doordrenken met liefde.

8. Het 101 Dalmatiërs Principe. Dit cruciale spirituele principe luidt: 'Je bent verbonden met alles en iedereen in het universum.' Wetenschappers noemen het non-lokaliteit, en als je de tekenfilm van *De 101 Dalmatiërs* kent, heb je het principe in werking gezien. Weet je nog hoe Cruella De Vils gemene handlangers de ontsnapte puppy's probeerden te vangen? De oude Schotse terriër in de schuur waar ze zich verstopten blafte om hulp naar een basset een dorp verderop, die de boodschap op zijn beurt doorblafte naar een teckel een eind verder op de route. Alleen vindt communicatie in de kwantumfysica onmiddellijk plaats. Precies op het moment dat de Schotse terriër zich realiseert dat de puppy's hulp nodig hebben, weet de teckel die 30 kilometer verderop zit, dat ook. Alles wat met het ene deeltje gebeurt, wordt tegelijkertijd gecommuniceerd naar een ander deeltje. Bij dit experiment ga je boodschappen versturen naar mensen die zich ergens anders bevinden, zonder gebruik te maken van e-mail, brieven of luide explosies.

9. Het Brood en Vis Principe. Dit principe luidt: 'De kosmos is oneindig, overvloedig en buitengewoon welwillend.' Het bewijst ook dat je angsten zinloos zijn en dat je best even diep mag ademhalen.

Een waarachtiger, grootsere visie

Je kunt geen dingen veranderen door de strijd aan te gaan met de realiteit van het moment. Wil je iets veranderen, creëer dan een nieuw model dat het bestaande model verouderd maakt.

– Buckminster Fuller, Amerikaans futurist

Ik hoop dat het een geruststellende gedachte is dat je niet de eerste bent die zijn eigen leven als experiment gebruikt. Toen de geweldige Richard Buckminster Fuller, inmiddels overleden, 32 jaar was, besloot hij een experiment te doen om te zien wat één onbekend individu zonder geld zou kunnen doen voor de mensheid. Hij bombardeerde zichzelf tot Proefkonijn – en gaf zichzelf de opdracht de wereld te veranderen.

Toen hij het experiment begon, was hij wat je noemt een 'nobody'. Berooid en werkloos, maar hij moest wel een vrouw en een baby onderhouden. Zijn eerste kind, het oudere zusje van de baby, was net overleden. Hij was behoorlijk aan de drank. Het zag er niet best voor hem uit. Maar hij besloot het verleden aan de kant te gooien en beperkende gedachten los te laten. Wat hij wilde weten was: 'Wat kan één persoon doen om de wereld te veranderen?'

De 56 jaren die volgden wijdde hij aan dit unieke experiment. Hij nam risico's. Hij stelde de vraag: 'Wat als?'

Hij werd niet alleen architect, uitvinder, schrijver en groot leider, maar tussen 1927, toen hij met het experiment begon, en zijn dood in 1983 schreef hij ook nog 28 boeken, kreeg hij 44 eretitels, legde hij in de Verenigde Staten 25 patenten vast, en veranderde hij letterlijk de manier waarop mensen naar zichzelf kijken.

Ik hoop dat *E-Kwadraat* dat ook voor jou zal doen. Ik hoop dat het de manier waarop jij naar jezelf kijkt verandert. Ik hoop dat het je inspireert om een experiment met je leven te doen en je energie te gebruiken om zo geweldig, gelukkig, wonderbaarlijk, mooi en liefdevol te worden als je maar zijn kunt.

INTRODUCTIE

HET INSTORTEN VAN DE GOLFFUNCTIE: WAAR WE INZIEN DAT WE VERKEERD ZIJN GEÏNFORMEERD

Het grootste waanidee van de mens is zijn overtuiging dat er andere oorzaken zijn dan zijn eigen staat van bewustzijn.

– Neville Goddard, Barbadiaans auteur en mysticus

Een goochelaar die zijn toverstaf waard is snapt dat het belangrijkste ingrediënt van zijn vingervlugge repertoire afleiding is. Een goochelaar leidt de aandacht van zijn publiek *af* van wat hij werkelijk aan het doen is en stuurt die *naar* iets anders wat cruciaal lijkt, maar het uiteraard niet is.

Dat hebben wij ook gedaan – al onze aandacht afgeleid en op de fysieke wereld gericht. Deze zintuiglijke 'misleiding' heeft ervoor gezorgd dat we niet inzien dat wat onzichtbaar is, wat we *niet* met onze ogen kunnen zien, eigenlijk veel meer van essentieel belang voor ons leven is dan wat we *wel* zien. De kwantumfysica vertelt ons dat het onzichtbare energiegebied – het 'veld' genoemd, of het VM, zoals ik het noem – de primaire sturende kracht achter de materiële wereld is. Het is de blauwdruk van de werkelijkheid. En inderdaad, we weten nu dat het universum bestaat uit niets anders dan golven en energiedeeltjes die corresponderen met je verwachtingen, oordelen en overtuigingen.

Subtiele energieën, gedachten, emoties en het bewustzijn spelen de hoofdrollen in de ervaringen van je leven, maar omdat ze onzichtbaar zijn, hebben we nooit geprobeerd ze te doorgronden of in ons voordeel te gebruiken. De wereld veranderen is simpelweg een kwestie van het veranderen van deze verwachtingen en overtuigingen. Zo makkelijk is het echt. Om iets in de fysieke wereld te krijgen, moet je je niet focussen op wat je ziet, maar op wat je *wilt*.

Good, good, good, good vibrations

De El Niño van het menselijk bewustzijn is gearriveerd.
– Dianne Collins, auteur van *Do You Quantum Think?*

Oké, zeg het maar gewoon: 'Hoe kan iets zo simpel als een gedachte de wereld beïnvloeden?' Mag ik er even op wijzen dat honderd jaar geleden ook niemand had geloofd dat liedjes gezongen door een stel *Idols*-kandidaten dwars door steen, glas, hout en staal konden dringen om van een zendmast naar je tv te komen? En niemand had toen geloofd dat een mobiele telefoon zo groot als een pak kaarten ervoor kon zorgen dat je met je zus 3000 kilometer verderop kon praten.

Jouw gedachten zijn, net als de 289 tv-kanalen en je stem door de mobiele telefoon, trillingsgolven. Als je Eminem over zijn dochter Hailie hoort rappen, vangt je trommelvlies een vibrerende geluidsgolf op. Als je Brad Pitts wandelstok of Madonna's leren handschoen ziet (hun accessoires bij de Golden Globes van 2012), zie je patronen van vibrerende lichtgolven.
En dat zijn je gedachten ook – vibrerende energiegolven die inwerken op het VM en het beïnvloeden. Elke gedachte die je hebt, hebt gehad of ooit zult hebben, veroorzaakt een trilling die naar het VM gaat en daar voor eeuwig doortrilt. De trillingen komen andere trillingen tegen en doorkruisen een gigantisch doolhof van energie. En als je maar genoeg energieën samenbrengt, klonteren ze vanzelf samen tot een vaste stof. Denk aan wat Einstein zei: materie bestaat uit energie.
Het veld van mogelijkheden volgt simpelweg de energie die jij uitzendt. En de trillingen van jouw gedachten zoeken andere trillingen die daarbij passen. Voorbeeldje: een paar jaar geleden wilde ik een pureestamper hebben. Dat zei ik tegen niemand. Ik maakte er alleen een notitie van in mijn gedachten: Koop de volgende keer als je in de Walmart komt een pureestamper. Diezelfde avond kwam mijn vriendin Wendy langs met wat keukenspullen die ze niet meer nodig had; ze had haar la uitgemest. Er zat ook een pureestamper bij. Een andere keer besloot ik dat er wel wat meer gelachen mocht worden in mijn leven. Nog geen twee weken later kreeg ik iets met Todd, een grappige collega die uiteindelijk comedian werd.
De toevalligheden in je leven zijn gewoon het werk van ener-

gie en het VM. Meestal zetten we energie onopzettelijk in en zijn we ons er totaal niet van bewust dat wat we denken, zeggen en doen verschil maakt. Daardoor sporen we deze oneindige kracht aan om een standaardprogramma te volgen, dat niets doet met ons voorstellingsvermogen en onze mogelijkheden.

Men denkt dat Jezus de wijsheid in pacht had, omdat hij zo goed met energie en materie kon omgaan. Maar zoals hij zelf al zo mooi aangaf (al deed hij dat niet in exact deze woorden): 'Dat kan jij ook.'

Ik ben een alleenstaande moeder, niet de beste 'rol' om toebedeeld te krijgen. Net zoals wanneer je zwart of joods bent roept het bepaalde vooroordelen op. Mensen denken automatisch dat ik arm ben, of misschien wel in de bijstand zit.

Hoewel dat zeker tot de mogelijkheden behoort, kies ik liever voor een andere mogelijkheid. Ik richt me bij voorkeur op een andere werkelijkheid.

Dit staat er op mijn website: 'Pam Grout is wereldreizigster, liefhebbende moeder, auteur van bestsellers, miljonair, en een inspirerende aanwezige voor iedereen die ze ontmoet.' Ik begon me 20 jaar geleden al op die dingen te focussen, lang voordat ik moeder, wereldreiziger of auteur werd, en trouwens ook lang voordat ik mezelf een beetje leuk begon te vinden. Maar me richten op wat ik wilde heeft blijkbaar gewerkt, want ik kan nu trots melden dat alles behalve een van de bovenstaande dingen waar is. Jij mag raden welk punt ik nog werkelijkheid moet laten worden. Ik heb tot nu toe 16 boeken, twee scenario's, een live soapserie en genoeg tijdschriftartikelen geschreven om de afgelopen 20 jaar zonder 9-tot-5-baan geen honger te hoeven lijden. Ik heb een reisblog (www.georgeclooneyslepthere.com) dat me naar alle zeven continenten heeft gebracht. Ik heb geschreven over alles van bungeejumpen in Nieuw-Zeeland tot vloerkleden kopen in Marokko tot koffie plukken in Nicaragua.

Nu moet ik nog wel een keer uit een vliegtuig springen, maar ik moet toch iets bewaren voor mijn 90e verjaardag.

De eerste stap op weg naar spirituele verlichting: ruk je los van de conventionele werkelijkheid

> *We zijn allemaal gevangen in een verhaal.*
> – Daniel Quinn, auteur van *Ishmael*

Wat men zegt over de werkelijkheid moet je niet al te serieus nemen.
Eigenlijk kun je gerust zeggen dat alles waarvan jij denkt dat het echt is, dat niet is. Natuurkundigen worstelen al 100 jaar met het feit dat Newtons klassieke wereldbeeld helemaal niets zegt over hoe de wereld in essentie in elkaar zit. Het subatomische gebied brengt alle rede en logica zo aan het wankelen dat de meeste wetenschappers, bang als ze zijn om hun academische graad in gevaar te brengen, hun ogen min of meer sluiten voor het feit dat het leven helemaal niet lijkt op wat er wordt beweerd.
Het is zelfs zo beangstigend – deeltjes die zomaar uit het niets tevoorschijn komen, de tijd die vertraagt en versnelt, deeltjes die op elkaar reageren en met elkaar communiceren terwijl ze duizenden kilometers van elkaar verwijderd zijn – dat het

enige wat wetenschappers tot nu met deze informatie hebben gedaan, is technologie ontwikkelen waarmee we elkaar kunnen opblazen, telefoonberichtjes kunnen ontvangen en kant-en-klaarmaaltijden kunnen opwarmen.

Zelfs de twee belangrijkste fundamenten van de fysieke werkelijkheid – ruimte en tijd – zijn niet wat ze lijken. Deze natuurkundige pijlers zijn niets anders dan extreem overtuigende optische illusies. Natuurkundigen als Bernard d'Espagnat, die onlangs de Templetonprijs van 1,4 miljoen dollar won, vinden het hoog tijd om de oude formulering van natuurwetten te vervangen door een radicaal andere, meer accurate kijk op de werkelijkheid: namelijk dat het bewustzijn zelf de materiële wereld creëert.

Hoewel elke natuurkundige op aarde weet van dat gekke universum, waarin materie zomaar uit het niets ontstaat en elektronen van de ene baan naar de andere kunnen springen zonder daadwerkelijk door de tussenliggende ruimte te bewegen, hebben de meesten ervoor gekozen dit te negeren, hun schouders op te halen en zich ervan af te maken met de goeie oude uitdrukking: 'Het zal wel.'

Het is niet zo dat ze er niets mee te maken willen hebben. Zoals ik al zei, hebben ze de nieuwe natuurkunde gebruikt om lasers, transistors, supergeleiders en atoombommen te ontwikkelen. Maar ze hebben geen idee hoe ze deze kwantumwereld kunnen verklaren. Zoals natuurkundige James Trefil vaststelde: 'We worden geconfronteerd met een kant van het universum die onze hersenen gewoonweg niet kunnen begrijpen.'

Een paar dappere natuurkundigen hebben voorzichtig erkend dat hun dierbare theorieën misschien niet kloppen. Ze geven toe dat de belangrijkste grondbeginselen wat betreft de materiële werkelijkheid gewoon geen stand houden. Sommigen zijn zelfs zo moedig om toe te geven dat het bewustzijn zelf de fysieke wereld creëert. (Zoals dr. Fred Alan Wolf, een natuurkundige die ook wel bekendstaat als Dr. Quantum, het zegt: 'Het komt hierop neer – het universum bestaat niet zonder een waarnemer van dat universum.')

Alles wat ik daarop te zeggen heb is: 'Dat werd tijd.'

Een Cursus in Wonderen, een zelfstudieprogramma over psychologische spiritualiteit waar ik al 25 jaar les in geef en naar leef, roept altijd al dat het bewustzijn de materiële wereld creëert. Het zegt dat wij mensen van tevoren besluiten hoe wij het leven gaan ervaren, dat we vooraf kiezen wat we willen zien.

Het probleem is dat we allemaal met een enorm verontwaardigde blik naar de wereld kijken. Het enige wat we moeten doen om de koers van onze sneue leventjes te veranderen, is stoppen met voortdurend mopperen op de wereld, en bewust een andere werkelijkheid te zien en te verwachten. Zoals het er nu voor staat besteden we al onze tijd en aandacht (ons bewustzijn, zo je wilt) aan wat we *niet* willen.

Maar dat is niets meer dan een slechte gewoonte. En net als andere slechte gewoonten kun je die met een beetje goede wil en inspanning veranderen.

Het is wat het niet is

Een wereldbeeld dat is gebaseerd op wat de vijf zintuigen ervaren is niet langer toereikend, en in veel gevallen klopt het helemaal niet meer.

– Dr. Shafica Karagulla, in Turkije geboren psychiater

Op dit moment draait de planeet die jij je thuis noemt met een snelheid van ongeveer 1500 kilometer per uur rond zijn as. En hij draait met een duizelingwekkende vaart van zo'n 107.000 kilometer per uur rond de zon. Maar van die beweging ben je je, tenzij je net een paar liters bier achterover hebt geslagen, waarschijnlijk niet bewust. Dat was even een voorbeeldje van hoe wij de werkelijkheid verdraaien.

En het blijkt dat bijna alle aannamen en oordelen die wij vanzelfsprekend vinden vertekeningen zijn. Al heel vroeg – laten we zeggen ergens rond de geboorte – wordt in ons brein een waarnemingsmodel vastgelegd en vervolgens filtert het al het andere uit. Met andere woorden: wij 'ervaren' alleen dingen die met onze beperkte waarneming stroken.

Een meisje uit de Filippijnen vertelde me eens dat het haar pas weken, zo niet maanden, na haar aankomst in de Verenigde Staten opviel dat sommige mensen hier rood haar hebben, zelfs mensen die ze kende en regelmatig zag. Rood haar paste niet in wat zij volgens haar conditionering hoorde te zien en verwachten. Ze was dus een aantal maanden lang blind voor rood haar, en zag het als de brunette van haar cultuur.

Wetenschappers weten inmiddels dat het brein 400 miljard bits aan informatie per seconde ontvangt. Om je een idee te geven hoeveel informatie dat is: er zouden bijna 600.000 boeken van gemiddeld formaat nodig zijn om alleen al 400 miljard nullen af te drukken. Overbodig te zeggen dat dat een enorme hoeveelheid werkelijkheid is. Dus wat doen we daarmee? We slaan aan het screenen. We perken het in. *Ik pak dat stukje informatie daar, en eens even kijken – dit hier past perfect bij mijn doorlopende soap over de andere sekse.* Aan het eind van de rit zitten we dan op 2000 luttele bits informatie. Er mag geapplaudisseerd worden, want dat is nóg best indrukwekkend. We hebben het wel over 2000 bits informatie per seconde, elke seconde weer. Maar hier komt het probleem. Wat wij besluiten toe te laten is slechts de helft van een miljoenste van een procent van wat er is.

Stel je even voor dat elk pennenstipje één bit informatie is. Ik heb geoefend, en het maximale aantal stipjes dat ik in een seconde kan zetten is vijf. Laat ik zo aardig zijn om aan te nemen dat jij een betere stipjeszetter bent dan ik – dan houden we het op tien stipjes per seconde. En nogmaals, we doen even alsof elk stipje een bit informatie is. Om evenveel stipjes te zetten als jouw brein in een seconde verwerkt, moet je bijna drie en een halve minuut lang op je allersnelste aantal van tien stipjes per seconde zitten. Maar als je brein alle beschikbare informatie zou verwerken (400 miljard stipjes), zou je 821 jaar bezig zijn!

Onze hersenen zijn voortdurend alle mogelijkheden aan het filteren en kiezen welke bits informatie ze 'zien' en geloven. Vanwege pure luiheid is dat wat we besluiten waar te nemen – en laat er geen misverstand over bestaan: dat *is* een keuze – hetgeen we al weten. Het zijn dingen waar we lang geleden voor hebben gekozen. Het is niet de echte wereld die we zien,

INTRODUCTIE

voelen, proeven, aanraken en ruiken, maar een enorm ingedikte versie van de echte wereld, een versie die onze hersenen zelf hebben gebrouwen. De rest zoeft onopgemerkt aan ons voorbij. John Maunsell, neurowetenschapper aan de Harvard University, zegt: 'Mensen verbeelden zich dat ze zien wat er werkelijk is, maar dat is niet zo.'

Als je hersenen eenmaal hebben besloten welke bits ze binnenlaten, bouwen ze verbindingen tussen verschillende zenuwcellen, en weven er zo zenuwvezels tussen om neurale paden aan te leggen. Gemiddeld heeft een mens 100 miljard zenuwcellen, elk met ontelbaar veel uitlopers, dus in elk brein worden weer andere snelwegen gebouwd. De plattegrond van de neurale paden in jouw brein en, laten we zeggen, die van Johnny Depp, zijn net zo verschillend als de plattegronden van Wisconsin en Rhode Island.

Als de paden eenmaal zijn aangelegd, stop je met reizen door de rest van het land. Snelweg 70 in Kansas, de staat waar ik woon, is de perfecte metafoor. Geloof het of niet, maar Kansas – de staat die in de *Wizard of Oz* zwart-wit is afgebeeld – kent aardig wat geologische bezienswaardigheden. In de noordwesthoek is er bijvoorbeeld een miniversie van de Grand Canyon, en bij de stad Quinter bevindt zich een enorme, zeven verdiepingen hoge kalksteenformatie genaamd Castle Rock. Maar omdat mensen die door Kansas reizen zelden snelweg 70 verlaten, heeft niemand door dat deze geologische formaties bestaan. Ze zijn al het moois, alles wat de moeite waard is, letterlijk voorbij gescheurd en tot de verkeerde conclusie gekomen dat Kansas plat en saai is. Maar dat is niet de werkelijkheid. Net als de snelwegplanners die die I-70 hebben aangelegd volgens de platste, snelste, makkelijkste route, bouwen wij onze neurale paden langs de minst ingewikkelde routes – de routes waar we al zo vaak langs zijn geweest. Maar daardoor krijgen we niet de werkelijkheid te zien. Niet eens iets wat erop lijkt. We zien helemaal niets van alles wat er is – maar drieënhalve minuut, vergeleken met 821 jaar.

De paden en snelwegen van ons brein worden al heel vroeg aangelegd. Als we worden geboren bestaan alle mogelijkheden nog. Laten we taal als voorbeeld nemen. Iedere pasgeborene heeft de vaardigheid in zich om elke klank in elke taal die er is uit te spreken. De Spaanse rollende *r* behoort tot de mogelijkheden. En de typisch Duitse tweeklanken.

Maar al heel vroeg leggen onze hersenen neurale paden aan die corresponderen met de klanken die we elke dag horen, en ze elimineren andere klanken uit andere talen.

Vrijwel iedereen die Engels spreekt, behalve Barbara Walters misschien, kan de volgende zin zeggen: 'Rolling rock really rouses Roland Ratinsky.' Maar als mensen uit China Engels proberen te leren, hebben ze de neurale paden die nodig zijn om de *r* goed uit te spreken al niet meer, waardoor 'fried rice' verandert in 'flied lice'. Opdat niemand zal denken dat ik etnocentrisch ben, moet ik er misschien bij zeggen dat ik heb geprobeerd van die Duitse keelwoorden uit te spreken, om er snel genoeg achter te komen dat mijn Duitse neurale paden totaal verwoest zijn.

Het beste voorbeeld van hoe je brein zijn eigen virtual reality-game creëert, is misschien wel de alledaagse huis-tuin-en-keukendroom. Toen Morley Safer* vannacht op je stoep stond

---

* Morley Safer is een Canadees-Amerikaanse verslaggever. Hij werkt al sinds de jaren zeventig als correspondent en presentator van het nieuwsprogramma *60 Minutes*. [vert.]

INTRODUCTIE   41

en allerlei ongemakkelijke vragen stelde, leek het hartstikke echt. Maar zodra je wekker afging, spatten Morley en dat virtuele *60 Minutes*-interview als de filmische zeepbel die ze waren uit elkaar.

Onze neurale paden maken herhalingen van wat al gebeurd is. Zoals een driejarige die telkens opnieuw naar *De Kleine Zeemeermin* wil kijken, klampen wij ons koppig vast aan onze kromme illusies. Blijf met je poten van mijn illusie af! Ook al worden we er ongelukkig van, we stellen ons vertrouwen het liefst in de ramp die we zelf hebben gecreëerd.

Wij nemen dingen in hun vorm waar

> *Er is nul vertrouwen voor nodig. Wel verbeelding. ... Als het duidelijk is in je gedachten, stormt het op dit moment op je af als een Mack-vrachtwagen.*
> – Richard Bach, auteur van *Illusions* en andere spirituele boeken

Als je het mij vraagt is het zo belangrijk dat je leert hoe je energie kunt transformeren, dat je het net als lezen, schrijven en rekenen op school zou moeten krijgen. En het begint allemaal met een intentie, dat is de kracht achter alles. Het is de energie, de brandstof, de elektrische lading die een resonerend veld aanlegt en golven van kansen uitzendt naar het VM. Esther Hicks, die het werk van Abraham Hicks aan de wereld doorgeeft, noemt het 'een raket met wensen lanceren'. Wat je aandacht geeft, groeit.

Zodra je een intentie uitspreekt, creëer je die. Dat gebeurt op hetzelfde moment. Het bestaat, als iets tastbaars. Je kunt het alleen nog niet zien, omdat je nog handelt vanuit de lineaire tijd. Je zit nog vast aan het oldschool-adagium 'het kost tijd om iets te creëren'. Dus blijf je eraan werken en wachten. Je blijft de zeven stappen uit het nieuwste zelfhulpboek volgen. Maar natuurkundigen zeggen het volgende: in de kwantumwereld gebeuren dingen niet in stappen; ze gebeuren direct.

Wat je wilt, bestaat dus zodra je je intentie uitspreekt, maar net als de kat van Schrödinger, een beroemd gedachte-experiment dat in 1935 werd bedacht door de Oostenrijkse natuurkundige Erwin Schrödinger, ben je je alleen bewust van de werkelijkheid die jij besluit waar te nemen. De fysieke verschijning ervan blijft verborgen buiten je huidige bewustzijn. Vooruitstrevende natuurkundigen zeggen dat het leven multidimensionaal is. Maar de meesten van ons zitten vast in een eendimensionale fysieke werkelijkheid, en moeten het doen met wat we ervaren met onze vijf zintuigen. Wat we ervaren door middel van dit zogenaamd onfeilbare waarnemingsgereedschap is niets anders dan wat we besluiten op te zoeken. Het is niet eens een kip-en-het-ei-kwestie. Wat we zien, ervaren en voelen met onze vijf zintuigen volgt altijd op het besluit om dit te zien, te ervaren en te voelen.

Ik vergelijk het bewustzijn met een gigantische wolkenkrabber. Ik woon bijvoorbeeld op de tweede verdieping, maar het 'ding' dat ik met mijn gedachten heb gecreëerd bevindt zich op de 17e verdieping. Zolang ik niet naar de 17everdieping kan, lijkt het alsof het er nog steeds niet is, alsof ik maar zit te wachten.

Een andere goede analogie is de televisie. Als je kabel-tv hebt, kun je uit meer dan honderd zenders kiezen. Je kunt natuurlijk

INTRODUCTIE 43

dingen opnemen, maar buiten dat kun je maar naar één zender tegelijk kijken. Kijk je bijvoorbeeld naar, laten we zeggen, *Modern Family*, dan zit je om de belevenissen van Cam, Mitchell, Phil en Gloria te grinniken en ben je je totaal niet bewust van de overige 99 (of meer) zenders. Daarom is het zo belangrijk om op de zender te blijven die je wilt zien. Geef geen zendtijd aan de werkelijkheid waaraan je probeert te ontsnappen. Zap alleen naar je intentie.

Redenen dat we afstemmen op programma's die we niet leuk vinden

> *Wij leven in een wereld die beperkingen verheerlijkt.*
> – Tama Kieves, auteur van *This Time I Dance!*

1. We zijn niet echt hier – niet in 'dit moment'. De kracht zit 'm in het nu. Daarom is het voor een yogi, die mentale storingen bewust uit de weg ruimt, zo makkelijk om zijn hartslag en andere lichaamsfuncties te veranderen. Als je niet echt aanwezig bent, is je brein ook niet beschikbaar om te doen wat jij wilt. Het is essentieel om te leren bewust aanwezig te zijn in het moment. Anders handel je vanuit oude, vastgeroeste overtuigingen, die je al hebt gedownload voor je vijf jaar oud was. Wil je echt dat een vijfjarige jouw leven bepaalt?

Als ik merk dat mijn bewustzijn niet handelt vanuit 'het nu', wat helaas een groot deel van de tijd gebeurt, herinner ik mezelf vriendelijk aan deze analogie: de bezorger van UPS heeft zojuist alles wat ik maar wil bij mijn huis afgeleverd en ik heb het niet eens door, omdat ik het pand heb verlaten. Omdat ik buiten op jacht ben naar een waardeloos surrogaat. Alles is hier, zodra ik mijn bewustzijn terugbreng naar de tijdloosheid van 'het nu'.

2. We hebben gezegd dat het moeilijk is. Iets creëren met je gedachten is een eitje. Daar valt niet eens over te twisten. Maar we blijven onze vrienden en vooral onszelf maar wijsmaken dat het lastig is of dat we er nog aan werken. Let er de komende dagen eens op hoe vaak je bevestigt dat het 'moeilijk' of 'een hele uitdaging' is. Let er eens op hoe vaak je zegt: 'Zo gaat het nu altijd' of: 'Dat zit nu eenmaal in de familie.' We zijn zo bezig met wat níet werkt, dat we het hele punt missen: namelijk dat we de macht hebben om het te veranderen in iets wat wél werkt.

3. We zijn gefixeerd op het negatieve. Wat onderzoeken we? Ziekten, problemen, rampen uit het verleden. Waar bereiden we ons op voor? Noodsituaties. We vinden het heerlijk om ons in problemen vast te bijten en ons af te vragen wat er mis is. Het is een oldschool-patroon, dat schreeuwt om transformatie. Zodra we op zoek gaan naar wat er goed is, gaat ons leven een nieuwe, onvoorstelbaar geweldige kant op.
En nu komt het. Alles wat 'fout' is, en dat is eigenlijk niets meer dan een makkelijk oordeel, heeft een andere kant. Gebrek is de andere kant van overvloed. Ziekte is de andere kant van gezondheid. Beide concepten bestaan tegelijkertijd. Beide zijn waar. Zodra je besluit het ene aspect te zien, verdwijnt het andere, even goed mogelijke aspect uit het zicht.
Jammer genoeg kun je, als je in het bewustzijn van tijd en ruimte leeft, niet beide kanten van de medaille tegelijk zien.

Maar het is belangrijk om te beseffen dat de kant die je niet ziet net zo aanwezig is, en dat je de medaille elk moment simpelweg kunt omdraaien. De twee polen van een tegenstelling (gebrek/overvloed bijvoorbeeld) zijn beide waar. De vraag is vanuit welke realiteit je liever wilt leven.

4. Mijn hemel, wat weten we het allemaal goed. Zodra je iets definieert, trek je het niet langer in twijfel. Zodra je iets weet, wordt het je werkelijkheid. Maar iets weten beperkt je ook enorm. In kwantumtaal: het doet de golffunctie instorten en laat geen ruimte over voor mysterie, verwondering en nieuwe ontdekkingen. Denk er maar eens over na. Als je met je ene arm een lading boeken draagt en met je andere een tas boodschappen, kun je onmogelijk nog iets anders oppakken. Misschien heb je veel kennis en academische titels, mooi ingelijst aan de muur op de tweede verdieping van die wolkenkrabber. Maar onthoud dat er nog heel veel andere 'verdiepingen' (om precies te zijn: dimensies) zijn, en alles wat je 'weet' kan andere mogelijkheden blokkeren.

5. Je geest is zo sterk dat hij iets 'buiten' zichzelf kan creëren om *meer* macht te krijgen. Daarom is het heel belangrijk dat je je oordeel tijdens het uitvoeren van de experimenten lang genoeg uitschakelt om te geloven dat ze werken. Als je ervan overtuigd bent dat ze klinkklare onzin zijn, zul je alleen maar gegevens verzamelen die die mening ondersteunen.

6. We hebben nooit echt geoefend. Het VM inzetten om je leven te bepalen is geen intellectuele opdracht. Het is geen theorie. Het is gewoon een kwestie van oefenen. Zoiets als toonladders leren. Of tafeltennis. Tiger Woods mag dan nog maar 18 jaar zijn geweest toen hij het amateurkampioenschap van de Verenigde Staten won, maar toen had hij er al wel 16 jaar oefenen op zitten. En hij besteedt nog steeds een groot deel van de dag aan vaardigheden bijhouden en oefenen. Je kunt wijsheid niet weten. Je kunt alleen wijsheid zijn. En daar komt dit boek om de hoek kijken.

Een andere zender kiezen

> *Emancipate yourself from mental slavery.*
> *None but ourselves can free our minds.*
> – Bumpersticker, te koop op de website van Green Living

Het doel van dit boek is je te bevrijden van je illusies, je te helpen het in elkaar geflanste persbericht waarvan jij gelooft dat het de realiteit is aan de kant te schuiven. Het goede nieuws is dat je niet één van je gewoonten hoeft te veranderen. Het enige wat je moet doen is je geest veranderen.

Voor het geval je al een tijdje niet op Amazon bent geweest: je vindt daar letterlijk duizenden boeken over hoe je je lichaam kunt veranderen. Volgens de laatste telling zijn er alleen al 678 boeken en cd's over 'billen'. Maar voor zover ik weet is er niet één boek over hoe je je geest kunt veranderen. Terwijl je geest, met al zijn voorgeprogrammeerde, verkeerd aangelegde neurale paden, de oorzaak van al je problemen is. Weet dat het het bewustzijn is, zoals moedige natuurkundigen als Fred Wolf beginnen te erkennen, dat de fysieke werkelijkheid creëert.

Je kunt het keer op keer proberen bij de schoenenwinkel, maar ze zullen er nooit melk gaan verkopen. En al die wanhopige pogingen om je lichaam, je relatie of je vul-zelf-maar-in te veranderen gaan nooit werken tot je leert hoe je je geest kunt veranderen en vormgeven.

Het is lastig om je geest te sturen als je denkt dat je dat voorgoed moet blijven doen. Maar als je een duidelijk tijdschema vaststelt, wat je bij de experimenten in dit boek gaat doen, kun je je geest overhalen om mee te doen. Het is net zoiets als een 12-stappen-programma. Zeggen dat je voorgoed nuchter moet blijven werkt niet. Maar het per dag bekijken? Kijk, dat kan de geest wel aan.

Op twee na nemen alle experimenten 48 uur of minder in beslag. Dat zijn maar twee dagen op een leven van meer dan 70 jaar. Zelfs een lakse geest houdt dat best vol. Waarom ik je 48 uur geef? Noem het het ouderwetse deadlineprincipe. Als een redacteur een deadline stelt, weet hij of zij dat er rond die tijd gecheckt moet worden of het beloofde manuscript al binnen is. Deadlines zorgen ervoor dat je weet wat je kunt verwachten, waar je naar uit kunt kijken. Als je op een onbekende landweg moet uitkijken naar een groene brievenbus omdat je daar linksaf moet naar het huis van je blind date, helpt het om te weten dat die 13,1 kilometer na de laatste afslag komt. Anders ga je je afvragen of je er misschien al voorbij bent en moet je weer terug. Een deadline dwingt je ertoe je aandacht erbij te houden.

Ik vroeg eens om begeleiding bij de vraag of ik wel of niet fulltime freelance moest gaan schrijven. Ik werkte destijds 20 uur per week voor een klein bedrijf en daarnaast schreef ik.

'Ik heb het heus wel naar mijn zin bij Resource and Development', zei ik – dat was het bedrijf waar ik werkte – 'maar ik droom ervan om fulltime freelancer te worden, snap je. Het is niet zo dat ik het niet leuk vind om brieven te schrijven om geld los te peuteren, maar ik wil gewoon iets met mijn ideeën voor verhalen gaan doen, schrijven over onderwerpen waar mijn hart ligt. Wat vind jij?'

Ik kreeg in die tijd al heel veel opdrachten. Werd gebeld door grote landelijke tijdschriften. Ik deed nieuwe contacten op, er was interesse voor mijn ideeën voor columns. Voor sommige mensen zou dat allang het antwoord op de vraag zijn geweest. Maar ik ben onnozel. Ik wilde een teken waar geen misverstand over kon bestaan.

'Oké', vervolgde ik, 'ik wil een teken dat je niet kunt afdoen als toeval. En daarvoor stel ik een duidelijke deadline. Binnen 24 uur wil ik het weten.'

De volgende dag werd ik ontslagen.

Een andere keer, toen het niet zo goed ging met freelancen, stuurde ik mijn cv rond, iets wat ik altijd doe als ik in paniek ben. Binnen twee weken kreeg ik een baan aangeboden. De baan – marketingteksten schrijven voor de plaatselijke busmaatschappij (oké, ik zei niet dat ik binnen twee weken een interessánte baan aangeboden kreeg) – zou meer geld in het laatje brengen dan ik ooit in mijn leven had verdiend. Maar er zoveel kostbare tijd aan besteden, wilde ik dat wel?

Was ik er echt klaar voor om mijn freelancecarrière op te geven? Opnieuw vroeg ik om een duidelijk teken. Binnen 24 uur, want dan moest ik mijn toekomstige werkgever laten weten of het *ja* of *nee* werd.

De volgende ochtend belde *Travel + Leisure*, het tijdschrift waar ik het allerliefst voor wilde werken, met een opdracht.

INTRODUCTIE 49

Ik hing op, schreeuwde 'Yes!' en deed een vreugdedansje. Maar mijn gids had die dag vast zin om zich uit te sloven, want nog geen kwartier later belde er een tijdschrift waar ik nog nooit van had gehoord, laat staan dat ik het ooit had benaderd, omdat ze een reportage over Kansas City wilden. Ik heb mijn baas-to-be gebeld en hem vriendelijk bedankt voor de baan.

Zoals *Een Cursus in Wonderen* het stelt, is krijgen wat je wilt vooral een kwestie van je aandacht er volledig op richten. Je moet bereid zijn niets anders waar te nemen.

Zoals het nu is, is onze aandacht vooral gericht op wat we *niet* willen. Onze positieve intenties nemen slechts een splinter van ons brein in beslag. De rest is bezig met de problemen waarvan we hopen dat de intenties ze gaan oplossen. Het overgrote deel van onze hersencapaciteit is gewijd aan oude gegevens als schaarste, problematische relaties of een God die vuurstralen werpt vanuit de hemel.

De reden dat 99,9 procent van je brein nog steeds is gericht op dingen die je niet wilt, is dat de wereld verkeerd is ingesteld: we zien dat als normaal. Onze standaardinstellingen zien nieuwsberichten over overstromingen en aardbevingen, of horen verhalen over een achternichtje met epilepsie, en zeggen dan: 'Zie je wel, ik zei het toch?' Het is bijna onmogelijk om die standaardinstellingen te veranderen, ook al weet je – in elk geval in theorie – dat er een andere mogelijkheid is.

Laten we blut zijn als voorbeeld nemen. De meesten van ons zijn het er wel over eens dat blut zijn niet iets is wat je wilt. Dus wat doe je? Je richt je brein op het voorkomen ervan. Je werkt lange dagen. Je belt je aandelenhandelaar. Je leest boeken en artikelen over rijk worden, en gaat daarbij compleet voorbij aan het feit dat je, door te proberen rijk te 'worden', je aandacht richt op het idee dat je niet al rijk bént. En zo heb je vooraf al besloten om geen geld te hebben.

Als je je brein simpelweg zou richten op het gevoel rijk te zijn, dankbaar te zijn voor wat er al aan rijkdom in je leven is – je familie en je geweldige vrienden bijvoorbeeld – zou het blut zijn verdwijnen. Je ervaart het alleen omdat je je gedachten eraan wijdt. Zoveel macht heeft je brein.

Mijn vriendin Carla is er vast van overtuigd dat wanneer je het gevoel hebt dat je geen geld hebt, je juist moet gaan shoppen. En wel direct. 'Geef dat hele idee gewoon een schop in de ballen', zo verwoordt ze het volgens mij. Ik heb het eens geprobeerd tijdens een persreis naar Mackinac Island in Michigan. Ik was net begonnen als freelancer en had nog geen idee hoe het me qua geld zou vergaan. Ik logeerde in het luxe Grand Hotel en was me er pijnlijk van bewust dat de kleren die ik vlak voor vertrek in mijn koffer had gepropt het niet haalden bij Jane Seymours garderobe in *Somewhere in Time*, of bij die van de hotelgasten die tegenwoordig elegant op hun koekjes knabbelen op de gigantische veranda. Ik was duidelijk underdressed. En het vijfgangendiner met mannen in pak was nog niet eens begonnen.

Ik slenterde de dure hotelwinkel binnen en mijn blik werd direct naar een prachtige zijden avondjurk getrokken. Eén steelse blik op het prijskaartje leerde me dat de jurk ver boven mijn normale budget zat – hij kostte, om precies te zijn, vier keer zoveel als wat ik normaal aan een jurk uitgeef. En toen wist ik dat ik hem moest kopen. Ik moest gewoon 'doen alsof' ik de succesvolle freelance schrijver die ik wilde zijn al was. Ik kocht de jurk en wist dat ik daarmee, ook al was ik net een nieuwe carrière gestart, de weg naar financieel succes vrijmaakte.

INTRODUCTIE

Zoals je een puppy zindelijk maakt

Iedereen wil de wereld veranderen, maar niemand denkt eraan zichzelf te veranderen.
– Lev Tolstoj, Russisch schrijver

Als jouw brein ook maar een beetje op dat van mij lijkt (geneigd tot uitstellen, snel in de war en afgeleid), is het veranderen ervan ronduit een uitdaging. Een beetje alsof je een puppy zindelijk moet maken.

Je moet hem net zo vaak mee naar buiten nemen en een andere werkelijkheid laten zien tot het eindelijk tot hem doordringt: *Wow, er is daarbuiten een heel grote wereld. En het is veel leuker om tegen bomen en bosjes en brandblussers te plassen dan op Pams lelijke oude sloffen.* Als je je brein er met zijn neus bovenop duwt, zal het verbaasd zijn over alle schoonheid die voorhanden is. Er zal een diep gevoel van vrede ontstaan. Geweldige ideeën zullen werkelijkheid worden en er zullen er steeds meer van komen. Vreugde zal je deel zijn.

Het enige wat je moet doen is je brein *alleen* richten op wat je wilt. Wil je vrede, denk dan aan vrede. Wil je liefde, denk dan aan liefde. Wil je pumps van Jimmy Choo, denk dan aan pumps van Jimmy Choo. Denk niet aan hoe onbereikbaar vrede lijkt en dat liefde vergankelijk lijkt en dat er helemaal geen geld voor pumps van Jimmy Choo op je rekening staat. Houd je brein alleen maar gefocust op wat je wilt. En elke keer als de puppy toch naar de sloffen loopt, pak je 'm op en breng je hem weer naar buiten.

In de film *Men on Fire* speelt Denzel Washington een ex-lid van de Special Forces, die bodyguard wordt van de jonge dochter van een rijke Mexicaanse zakenman. Ook al probeert Denzel nog zo hard om neutraal te blijven en niet emotioneel betrokken te raken, hij wordt toch een vaderfiguur voor Pita, die hij helpt bij haar huiswerk en het veroveren van een plek in het zwemteam, wat ze veel leuker vindt dan de pianolessen die ze van haar vader moet volgen. Tijdens de zwemtrainingen schreeuwt Denzel steeds opnieuw dezelfde vraag: 'Ben je getraind of ongetraind?' En dan schreeuwt Pita uit volle borst terug: 'Getraind!'

Ik zal de vraag herhalen. Is je brein getraind of ongetraind? En ik hoop dat je binnenkort terug kunt roepen: 'Getraind!'

De grootste ontdekking en ontwikkeling van de komende jaren zal op het spirituele vlak plaatsvinden. De geschiedenis laat duidelijk zien dat de kracht die daar ligt de grootste macht in de ontwikkeling en de geschiedenis van de mens is geweest – en dat terwijl we er tot nu toe alleen maar mee hebben gespeeld en er nog nooit zo serieus onderzoek naar hebben gedaan als naar andere natuurkundige krachten. Op een dag zullen mensen inzien dat materiële dingen niet gelukkig maken en nauwelijks bijdragen aan het creatief en sterk maken van de mens. Dan zullen de wetenschappers van deze wereld hun laboratoria beschikbaar stellen voor onderzoek naar de spirituele krachten. Als het zo ver is, zal de wereld meer vooruitgang in één generatie zien dan in de vier generaties ervoor.

– Charles Proteus Steinmetz, uitvinder van de wisselstroommotor

DE VOORBEREIDING

Het hele leven is een experiment.
Hoe meer experimenten je doet, hoe beter.
– Ralph Waldo Emerson, Amerikaans essayist

Je hebt geen witte jas, koolstof nanobuisjes of afzichtelijke beschermbril nodig om de experimenten uit te voeren. Het enige wat je nodig hebt is een open mind; je moet kunnen observeren en je bevindingen kunnen bijhouden en je moet bereid zijn dingen in een nieuw licht te zien.
Voor degenen die gezakt zijn voor scheikunde begin ik met een opfriscursus.

Elementaire wetenschap

Nothing shocks me. I'm a scientist.
– T-shirt van ontwerper J. Bertrand

1. Wat is *wetenschap*? Volgens Webster's* is wetenschap 'kennis vergaard door middel van onderzoek of in de praktijk'. Meestal begint het met een theorie.

---

* Webster's is een Amerikaans woordenboek. [vert.]

2. Oké, maar wat is een *theorie*? Wat de meesten van ons betreft is een theorie een vaag, wazig feit. Maar als je het hebt over een wetenschappelijke theorie, praat je over een conceptueel kader dat bestaande waarnemingen verklaart en nieuwe voorspelt. Een theorie wordt niet aangenomen op basis van het aanzien of de overtuigingskracht van de verdediger ervan, maar op basis van resultaten verkregen uit waarnemingen en/of experimenten die iedereen kan herhalen. De theorie van de zwaartekracht kan bijvoorbeeld door iedereen worden bewezen, van een peuter die van een stapelbed springt tot een voodoopriester die over een offergeit springt. De meeste laboratoriumexperimenten worden talloze keren herhaald.

Een ander kenmerk van een wetenschappelijke theorie is dat ze weerlegd kan worden, wat betekent dat een experiment ook kan aantonen dat de theorie *niet* klopt. De theorie dat 'Mars wordt bevolkt door kleine groene mannetjes die wegvluchten zodra we achter ze aan gaan' kan niet weerlegd worden, omdat de marsmannetjes volgens die theorie altijd verdwijnen zodra iemand ze achterna zit. Maar de theorie dat marsmannetjes niet bestaan is wel wetenschappelijk, omdat je haar kunt weerleggen door er een te vangen en als gast op te voeren bij *Good Morning America*.[*]

3. En wat is dan een hypothese? In gewone taal is een hypothese een synoniem voor een vermoeden. Maar voor een wetenschapper is een hypothese een bruikbare aanname over hoe de wereld in elkaar zit. Elk experiment begint ermee. Je doet waarnemingen over hoe de wereld in elkaar zit en dan

---

[*] *Good Morning America* is een beroemde Amerikaanse ontbijtshow. [vert.]

formuleer je een hypothese die getest kan worden om te zien of die waarheidswaarde heeft. Meestal wordt een hypothese gebracht als een verklaring die óf weerlegd óf bewezen kan worden. Vaak wordt die geformuleerd als een 'als-dan'-zin (als je dit doet, dan gebeurt er dat): 'Als x zich voordoet, zal ... daarop volgen', of: 'Als x toeneemt, doet ... dat ook.' We gebruiken het om een wetenschappelijke methode te vormen.

4. Wacht even, een *wetenschappelijke methode*? De wetenschappelijke methode is algemeen aanvaard als de beste manier om de waarheid te onderscheiden van leugens en verbeelding. De simpele versie ziet er ongeveer zo uit:

- ☐ Stel een vraag.
- ☐ Verzamel informatie.
- ☐ Vorm een hypothese.
- ☐ Test de hypothese.
- ☐ Noteer en onderzoek gegevens.
- ☐ Trek conclusies.

Het grote voordeel van een wetenschappelijke methode is dat het een eerlijke methode is. Ze werkt voor iedereen hetzelfde. Welke haarkleur, geloofsovertuiging of schoenmaat je ook hebt, dat maakt voor de conclusies niet uit.

Enkele basisregels

Je doet dit omdat je fantastisch en moedig en nieuwsgierig bent. En ja, waarschijnlijk ben je ook een beetje gek. En dat is juist goed.

– Chris Baty, oprichter van de National Novel Writing Month (NaNoWriMo)

Elk van de volgende hoofdstukken gaat over een belangrijk spiritueel grondbeginsel en een empirisch, wetenschappelijk experiment om de geldigheid ervan aan te tonen. Je kunt de experimenten achter elkaar doen (dat doen de meeste mensen, omdat ze zo enthousiast worden van het eerste), maar je kunt ze ook in een willekeurige volgorde doen. Doe er deze week één. Probeer er volgende week nog eens één. Jij beslist.

Spreek voor elk experiment de intentie uit om de oude stand van zaken los te laten. Ik begin meestal met deze uitspraak uit *Een Cursus in Wonderen*: 'Stel je geest open en laat alle misleidende gedachten varen.'

Ga vervolgens zorgvuldig op zoek naar bewijs. Doe dat net zoals wanneer je je kwijtgeraakte sleutelbos zoekt. Op een dag waarop de melk op is en de baby huilt. Nadat je overal hebt gekeken waar je ze normaal gesproken bewaart – in je tas, in je broekzak, op het plankje bij de deur – til je de kussens van de bank op, kruip je onder je bed en woel je door het kattengrit. Wat belangrijk is, is dat je niet stopt met zoeken tot je ze in je vieze knuisten hebt.

Als je naar de supermarkt gaat om allesreiniger te kopen, ga je niet naar huis voordat je het schap met Ajax, Andy en Mr. Proper hebt gevonden. Als je naar de boekwinkel gaat om de nieuwste roman van John Grisham te halen, druip je niet af met het slappe excuus dat je de 'G-plank' niet kon vinden. Je gaat naar de winkel in de wetenschap dat het boek er zal zijn. Aan het eind van elk hoofdstuk vind je een onderzoeksverslag. Die zien er net zo uit als de onderzoeksverslagen die echte wetenschappers gebruiken. Het is belangrijk dat je bij elk experiment noteert wanneer je ermee begint. Maak aantekeningen, houd al je bevindingen bij. Hoe gedetailleerder je verslag is, hoe beter je uitgangspunt voor verder onderzoek. Wees tijdens het bijhouden van je waarnemingen en ervaringen steeds bereid te riskeren dat je het 'fout' hebt, zodat je vervolgens op zoek kunt gaan naar staafbare gegevens die aantonen dat je gelijk hebt.

Oké, klaar om een gestoorde professor te worden?

EXPERIMENT 1

HET THE DUDE ABIDES PRINCIPE:

ER BESTAAT EEN ONZICHTBARE ENERGIEKRACHT OF EEN VELD VAN ONEINDIGE MOGELIJKHEDEN

Alle anderen wachten op de eeuwigheid, en de sjamanen zeggen: 'Wat dacht je van vanavond?'
– Dr. Alberto Villoldo, op Cuba geboren auteur en docent energiegeneeskunde

De premisse

Dit experiment zal eens en voor altijd bewijzen dat er in de kosmos een liefdevolle, gulle en hartstikke hippe kracht bestaat. Sommigen noemen het 'God'. Je mag het ook *prana* noemen, 'het alles' of 'Cosmo Kramer', het maakt me niet uit.

Het probleem is, tot nu toe, dat we er maar op moesten vertrouwen dat die kracht bestaat. We mochten haar nooit zien of aanraken, maar moesten wel van alles in haar naam doen, zoals kerkbijdragen betalen, mediteren en as op ons hoofd doen. Ik houd meer van het idee van een energiekracht die twee kanten op werkt. Geven en nemen, weet je wel?

Tijdens dit experiment zeggen we tegen het VM: 'Schatje, het is nu of nooit.' Geloven in iets wat het grappig vindt om zich voor ons te verstoppen, daar zijn we klaar mee. Onweerlegbaar bewijs willen we. En wel *nu*. Je kent die drie letters wel: z.s.m. Dat is precies de afkorting waar we voor gaan. We gaan het VM exact 48 uur geven om ons een teken te geven, een duidelijk teken, een teken waar we niet omheen kunnen. In neon, bijvoorbeeld.

Omdat we zijn gaan geloven dat deze kracht vaag en mysterieus is, verwachten we niet dat we haar zullen vinden. We zijn in elk geval niet verbaasd als dat niet lukt. Omdat we nooit hebben geleerd te zien dat deze inspirerende, verfrissende, levens veranderende kracht zonder dat we ons daarvan bewust zijn in, rondom en door ons heen zoeft.

Wachten? Ik?

Als je geen maïs kunt kweken met je geneeskunst, wat moet je er dan mee?

– Sun Bear, Ojibweg-indiaan

Als je wilt wachten op de hemelpoort: ga je gang. Maar dat is wel net zoiets als in deze tijd leven en toch weigeren elektriciteit te gebruiken. Het enige wat je hoeft te doen om gebruik te kunnen maken van elektriciteit is een stopcontact vinden, daar de stekker van een elektrisch apparaat insteken, en voilà! Je hebt toegang tot allerlei coole dingen – geroosterd brood, muziek die vanuit radiozendmasten naar je toe wordt gestuurd, films, het nieuws, en medemensen die op een onbewoond eiland slakken zitten te eten.

We moeten onszelf dwingen precies zo tegen deze kracht aan te kijken als tegen elektriciteit. We vragen ons nooit af: *Ben ik wel goed genoeg om de stekker van mijn broodrooster in het stopcontact te steken?* Of: *Heb ik wel lang en hard genoeg gebeden om de lampen in de keuken aan te mogen doen?*

We voelen ons niet schuldig als we de radio aan willen zetten om naar NPR* te luisteren. Het VM is net zo onbevooroordeeld en beschikbaar als elektriciteit, zodra wij besluiten er echt naar op zoek te gaan.

En het is echt niet zo moeilijk te vinden.

Anekdotisch bewijs

> *God is niet zo'n sukkel als sommige mensen je willen laten geloven.*
>
> – Alex Frankovitch in *Skinny Bones*, een jeugdroman van Barbara Park

---

* NPR staat voor National Public Radio, de Amerikaanse publieke radio-omroep. [vert.]

Dit is het moment om het over die olifant in de kamer te hebben. Juist, ik bedoel God.

Tenzij je zojuist onder een steen vandaan bent gekropen, is je waarschijnlijk opgevallen dat massa's mensen het hebben over een gast genaamd God. Eén op de zeven dagen wordt besteed aan het vereren van hem. Veel kranten hebben naast het politieke katern, het lokale nieuws, het weer en de puzzel een kerkelijk katern.

Elke cultuur die ooit heeft bestaan kent wel een versie van 'the dude' (om maar even een bijnaam uit de cult-klassieker *The Big Lebowsky* te lenen). Zelfs natuurkundigen wier werk enkel bestaat uit het bestuderen van de eigenschappen en wisselwerking van materie en energie weten van deze onzichtbare kracht. De meesten van hen noemen het niet God. Albert Einstein beweerde bijvoorbeeld dat hij niet in de traditionele God geloofde, maar hij wist donders goed dat er ergens in de kosmos iets nog veel geweldigers bestond. En dat, zo zei hij, was het enige wat er wat hem betreft toe deed. Al het andere, beweerde hij, waren slechts details.

De God waar de meesten van ons in geloven is een uitvinding van de mens, verzonnen zoals het ons uitkwam. Deze door mensen bedachte God zien we als een onbetwistbaar feit. Maar dat slaat nergens op. Als God liefde is, als God perfect is, als God alle andere liefdevolle beschrijvingen die we op hem loslaten is, waarom zou hij iemand dan voor de leeuwen gooien? En waarom zou een verstandig mens ook maar iets te maken willen hebben met een onvoorspelbare, onrechtvaardige god die er plezier aan beleeft mensen te straffen? Zelfs de domste vouw weet in theorie dat ze uit de buurt moet blijven van mannen die haar pijn zouden kunnen doen.

Ik bedoel, wie zit daar nu op te wachten?

God als terrorist

Ik weet niet of God bestaat, maar het zou absoluut beter voor zijn reputatie zijn als hij niet bestond.
– Jules Renard, Frans auteur

Ik had het alfabet nog niet onder de knie, of er werd me al geleerd dat ik, kleine Pammy Sue Grout, een ellendige zondaar was en dat ik Gods gratie niet verdiende. Dat was een feit, net zo goed als één plus één twee is en *el-em-en-o-pee* uit meerdere letters bestaat. Het enige wat deze belangrijke les draaglijk maakte was dat ik in elk geval niet de enige was. Alle andere mensen op aarde waren ook zondaars, zo bleek. Zelfs mevrouw Beckwith, mijn zachtaardige kleuterjuf, van wie ik mijn huisschildpad Pokey om de week op maandag mee naar school mocht nemen.

Het nadeel van zondaar zijn is dat het je gegarandeerd een enkeltje hel oplevert. Omdat ik nooit verder was gekomen dan de grens van Kansas, kon ik me moeilijk een voorstelling van de hel maken. Maar volgens mijn vader was het geen plek waar je naartoe wilde. Het was er heter dan in het huis van tante Gwen en Oom Ted in Texas in de zomer dat de airco kapotging. En in tegenstelling tot die vakantie, die na vier dagen voorbij was, duurde de hel eeuwig. Om een idee te krijgen van wat eeuwig is, zei hij, moest ik maar denken aan hoelang het op 26 december nog duurt tot het weer kerst is.

De ontsnappingsclausule is dat je 'gered' kunt worden.

Dus toen ik vier jaar oud was liep ik, terwijl de kerkorganist 'Just As I Am' speelde, naar het voorste gedeelte van de kleine methodistenkerk in Canton, Kansas, zakte op mijn knokige kleuterknietjes en vroeg Onze Lieve Heer 'me mijn zonden te vergeven'. Mijn familie, al generaties lang methodist, sloeg collectief een zucht van verlichting. Die avond belden mijn vader en moeder al mijn ooms en tantes om het goede nieuws te vertellen.

'Nou, onze oudste is officieel gered, hoor', kraaiden ze vol trots. 'Nu kunnen we er ten minste zeker van zijn dat onze Pam naar de hemel gaat.'

Het mooiste was nog, vonden ze, dat mijn bekering niets dan een goed voorbeeld kon zijn voor mijn zusje Becki, twee jaar, en mijn broertje Bobby, die nog maar drie maanden oud was, hoewel ik stiekem hoopte dat ze konden wachten tot hij oud genoeg was om te praten.

Je kon natuurlijk ook geen enkel risico nemen. Ik bedoel, Jezus kon elk moment terugkeren – of het nu 's nachts was of overdag. Hij was een soort dief in de nacht. Hij kon 's morgens komen, als je in je bord Kellogg's-ontbijtgranen zat te roeren. Hij kon tijdens het speelkwartier komen, als je op de kop aan het klimrek hing. Hij kon zelfs om twee uur 's nachts komen, als je lag te slapen, wat pas echt een probleem was als je toevallig een diepe slaper was. Dan had Jezus je al te pakken voor je goed en wel de slaap uit je ogen had gewreven.

En daar durfde je niet eens aan te denken. Het huis van tante Gwen en oom Ted was immers al zo heet.

Terwijl ik leerde mijn echte, zondige identiteit te accepteren, kreeg ik óók telkens weer te horen dat 'God liefde is'. Hoewel kerken God dan weer presenteerden als een soort verborgen camera, die je overal en altijd in de gaten hield.

Het leek me allemaal helemaal niet logisch. Maar ja, ik was natuurlijk nog maar vier. Wat wist ik nu helemaal?

Hoewel ik eng dicht in de buurt van het perfecte kind kwam (ik haalde altijd tienen, vermeed ruzies met mijn broertje en zusje, bleef uit de buurt van drugs en alcohol en maakte zelfs uit eigen beweging mijn bed op), voelde ik me constant bekritiseerd door die 'liefhebbende God' die daar in de hemel zat en vergenoegd in zijn handen wreef bij elke fout die ik maakte. Wat potverdriedubbeltjes (oeps, daar heb je het al, nu vloek ik weer!) nog best vaak scheen te gebeuren.
Nogal een erfenis om een onschuldig kind mee op te zadelen.

God lijkt op Z.Z. Top en andere irritante mythen

Onze ideeën over God zeggen meer over onszelf dan over Hem.

– Thomas Merton, christelijk mysticus

Vraag een doorsneepersoon of hij in God gelooft en hij zal waarschijnlijk iets zeggen als 'Ja, duh!' Maar de kans is klein dat hij zich ooit heeft afgevraagd wat hij precies bedoelt met 'God'. Na enig aandringen komt hij misschien met een cliché over 'die gast daarboven'.

Precies omschrijven wat God is, is natuurlijk onmogelijk. God is geen onbeweeglijk ding, net zo min als elektriciteit en licht. God ontstijgt de stoffelijke wereld van materie en vorm. Het vult de kosmos, de werkelijkheid is ervan doordrenkt en het maakt tijd en ruimte achterhaalde begrippen. Maar dat weerhoudt ons er niet van te proberen definities te vormen. Hier een top acht van onze idiootste verzinsels over God:

EXPERIMENT 1 HET THE DUDE ABIDES PRINCIPE

Idioot verzinsel 1: God is een hij. Hoewel vooruitstrevende kerken soms over God spreken als een *zij*, heeft het VM eigenlijk helemaal geen geslacht. En we hebben het al helemaal niet over Mevrouw Elektriciteit of Meneer Zwaartekracht. Een toepasselijker voornaamwoord zou zijn: *het*. Het VM is een krachtveld dat het universum leidt, dezelfde energiebron die bloemen laat groeien, ervoor zorgt dat er korstjes op geschaafde knieën komen, en constant werkt aan heelheid.

God lijkt meer op *the force* in *Star Wars*, iets wat in ons zit, de basis van leven. Daarom zijn Luke Skywalker en Darth Vader zulke fenomenen geworden. Star Wars is een mythe die ons op een heel diep niveau aanspreekt. Ergens weten we dat 'the force' met ons is en dat wij de wereld creëren door middel van onze woorden, gedachten en daden.

Idioot verzinsel 2: God lijkt op Z.Z. Top, zet kruisjes achter je naam en heeft het te druk met de honger in de wereld om zich ook nog iets van jou aan te trekken. Als je werkelijk in de algemeen geaccepteerde waarheid gelooft, lijkt God een beetje op Boo Radley in *To Kill a Mockingbird*: een mysterieuze buurman die constant uit het raam van de woonkamer van zijn penthouse gluurt om ons te betrappen op 'stoute dingen'. We zien hem niet, maar zijn vaak genoeg gewaarschuwd voor zijn aanwezigheid. Dat hij kijkt. En oordeelt. En elke beweging scherp in de gaten houdt. Als je zijn bevelen niet opvolgt, of een regel overtreedt, kan God zomaar eens een engel van zijn Geheime Dienst op je afsturen om je op je kop te stompen zoals Little Bunny Foo Foo*.

---

* Little Bunny Foo Foo is een Amerikaans kinderversje over een konijn dat veldmuisjes plaagt. [vert.]

Idioot verzinsel 3: God heeft zo zijn voorkeuren. Het VM is een krachtveld en het is voor iedereen even beschikbaar. Het is een vermogen dat we allemaal van nature in ons hebben, geen exclusief geschenk voor enkele uitverkorenen. Om precies te zijn is het de belangrijkste les die Jezus ons leerde. God zit vanbinnen. Jij bent deel van God. Jij kunt wonderen verrichten.

Jezus aanbidden zoals wij het doen is net zoiets als Ben Franklin aanbidden omdat hij als eerste elektriciteit ontdekte. Ben Franklin stuurde een vlieger de lucht in tijdens een onweersbui, zodat wij gebruik konden gaan maken van het principe dat hij daarmee demonstreerde. Hij deed dat niet omdat hij wilde dat we tempels voor hem gingen bouwen, schilderijen van hem zouden maken of een aandenken aan hem om onze nek zouden dragen. Hij wilde alleen maar dat we het principe elektriciteit zouden gaan gebruiken – en nu laten we er radio's, computers en airco's op draaien. Als we niets hadden gedaan met Bens ontdekking, net zoals we niets hebben gedaan met Jezus' ontdekking, zaten we nu nog met zijn allen in het donker.

Benjamin Franklin heeft de elektriciteit niet uitgevonden, net zo min als Jezus de spirituele grondbeginselen heeft uitgevonden. Bliksem en de elektriciteit die daaruit voortkomt zijn er altijd al geweest. We waren ons daar alleen niet van bewust, of we wisten niet hoe we er toegang toe konden krijgen. Toen Galilei de houten bal van de scheve toren van Pisa liet vallen, vond hij de zwaartekracht niet uit. Hij liet alleen zien dat zwaartekracht bestaat.

Precies zo liet Jezus ons de spirituele principes zien waarvan hij wil dat we ze gebruiken en ontwikkelen. We hebben 2000 jaar weggegooid met het vereren van het idool dat we van hem hebben gemaakt, in plaats van de principes die hij ons leerde te gebruiken. Blader door de Bijbel en je ziet Jezus nergens zeggen: 'Aanbid mij.' Zijn boodschap aan ons was: 'Volg mij.' Dat is iets heel anders.

Door een held van Jezus te maken missen we het hele punt. Jezus zei niet: 'Ik ben zo cool, maak standbeelden van me en maak van mijn verjaardag één groot commercieel festijn.' Hij zei: 'Kijk, dit is er allemaal mogelijk. Hier zijn mensen toe in staat.'

Jezus is onze broer, ons voorbeeld; wij moeten proberen hem te evenaren. Wat Jezus ons probeerde te vertellen is dat de kerken, de religieuze leiders met hun galmende retoriek, Gods waarheid overstemmen. Ze hebben ons misleid door voorbij te gaan aan het feit dat het VM geen afgod is die we moeten aanbidden, maar iets wat echt bestaat, de basis waar wij naar zouden moeten leven.

Idioot verzinsel 4: God beloont ons voor ons lijden en geeft bonuspunten voor onze offers (ook wel bekend als 'Life sucks and then you die'). Velen van ons denken dat het leven een soort bootcamp voor de hemel is. We geloven dat ons korte leven 'slechts een test' is voor het paradijs dat ons uiteindelijk toekomt. Als we maar flink doorzetten en ons lot dragen, zullen we op een dag door de hemelpoort wandelen en gelukkig worden. Deze denkfouten zijn we gaan aannemen als feiten over het leven. Als iets duidelijk is, is het dat verdriet en zorgen onvermijdelijk zijn.

Maar wat als dat helemaal niet zo hoeft te zijn? Wat als er helemaal geen reden is om arm te zijn? Of ziek te worden? Of geen overvloedig, geweldig leven te leiden? Wat als het idee dat het leven treurig en zwaar moet zijn gewoon weer zo'n gerucht is dat kerken de wereld in hebben geholpen, en dat verankerd is geraakt in ons bewustzijn omdat we het al eeuwen krijgen ingewreven? Ik zou willen zeggen dat je die hemel waar je op zit te wachten nu ook al kunt krijgen. En dat je van alles is wijsgemaakt over wie je bent en wat er mogelijk is.

Idioot verzinsel 5: God is verschrikkelijk veeleisend. Het VM oordeelt niet. En het straft niet. Het denkt niet: *Nou nou, wat was Sammy C. gisteren braaf, dat hij dat oude dametje hielp met oversteken. Ik denk dat ik zijn gebed over dat-ie de loterij wil winnen maar ga verhoren.* Dat zijn dingen die Clarence Thomas* zou kunnen denken. Het VM heeft niets nodig. Het verlangt niets van ons. Het stelt geen eisen. Het houdt niet meer van Moeder Teresa dan van Celine Dion. Verkeerd geïnformeerde mensen hebben, in een wanhopige poging de wereld te begrijpen, een God verzonnen die iene miene mutte met ons leven speelt, een God die van dezelfde mensen houdt als wij en aan dezelfde mensen een hekel heeft. Door onze angst zitten we gevangen in een hokje en beperken we onze perceptie.

Idioot verzinsel 6: Je kunt maar beter niet te veel aan God vragen en je moet hem zeker niet lastigvallen. Zoals ik al zei: het VM is geen persoon, dus je kunt het gewoonweg niet lastigvallen. Het VM is een kracht, een onzichtbare energetische kracht. Het is niet eindig of begrensd, dus je kunt het helemaal niet overvragen. Zoals het oude gezegde luidt: je kunt

---

* Clarence Thomas is een bekende Amerikaanse rechter. [vert.]

 EXPERIMENT 1 HET THE DUDE ABIDES PRINCIPE 73

een pipetje of een emmer water naar de oceaan brengen – het maakt de oceaan niets uit. Als er iets zeker is, is het dat we nog lang niet genoeg gebruikmaken van het VM. We hebben het hier over een almachtige kracht, niet over een hulptroep die net op tijd de hypotheek komt betalen. Het VM is geen vijand die naar de onderhandelingstafel gelokt moet worden.

Idioot verzinsel 7: God is zo vaag. *Au contraire.* Als je de donkere wolken vol geruchten en halve waarheden die je bewustzijn overschaduwen eenmaal hebt verjaagd, zul je ontdekken dat de onzichtbare kracht net zo duidelijk communiceert als dr. Phil. Zodra je jezelf hebt verlost van alle blokkades, zul je precies te zien krijgen wat je moet doen en hoe.
Nogmaals, we moeten onszelf aanleren meer naar God te kijken zoals we naar elektriciteit kijken. Het kan elektriciteit niks schelen wie de stekker van de krultang in het stopcontact steekt. Je hoeft elektriciteit niet te laten zien dat je braaf genoeg bent om brood te mogen roosteren.

Idioot verzinsel 8: God antwoordt pas als hij er klaar voor is. Er is geen moment dat God of 'the force' er niet voor je is. En je hoeft niet te wachten tot er een licht op groen springt, of tot je een 'verlaat-de-gevangenis-zonder-te-betalen'-kaart trekt. Die man daarboven is er 24/7 voor je, zodra jij er klaar voor bent om al je aandacht erop te richten. De begeleiding van het VM gebeurt bijvoorbeeld (net zoals ze zeggen over ... nou ja, iets anders) door middel van een songtekst die voorbijkomt op de radio, of een telefoontje van een vriend die je uit het oog was verloren. De truc is alert zijn, vertrouwen hebben en, ik zal het steeds weer zeggen, er je volledige aandacht op richten.

En nu we het toch over Gods wil hebben, gooi ik dit er ook meteen maar uit. Bij het geüpdatete beeld van God hoort geen hel waar je voor eeuwig wordt gefolterd en er is ook geen plek voor een sadist die je daar probeert te krijgen. En er is evenmin ruimte voor het idee dat ziekte of misvorming of de dood of armoede of welke beperking dan ook de wil van God is. Gods wil, voor degenen die deze term per se willen blijven gebruiken, is het onophoudelijke verlangen van de geest in jou om alles te worden wat in je vermogen ligt. Amen.

De methode

> *Toen ik mezelf toestond een beetje gek en irrationeel te worden, stelde ik me open voor bepaalde mystieke ervaringen.*
> – D. Patrick Miller, oprichter van Fearless Books

Tijdens dit experiment ga je 48 uur lang op zoek naar tekens van dat alwetende, perfecte VM. Je mag het ook 'God' noemen, als je je daar beter bij voelt. En gelukkig is het VM aanwezig op elke denkbare plek waar je zou kunnen gaan zoeken. Om gelijk maar hoog in te zetten ga je het VM vragen om een zegening, of zoals ik het noem: een onverwacht cadeau. Je gaat het 48 uur de tijd geven om je een cadeautje te sturen dat je normaal nooit krijgt – een verrassingscheque in je brievenbus, een kaartje van een oude vriend, iets wat je totaal niet verwacht. Je mag niet precies zeggen wat voor zegening je wilt (dat komt later, bij Experiment 4), maar je moet wel een duidelijk verzoek doen en een concrete deadline stellen. En zoals altijd helpt het als je vraagt om hulp bij het herkennen van je cadeautje.

Toen mijn vriendin Wendy dit experiment deed, kreeg ze niet één, maar *twee* onverwachte zegeningen. Haar salaris ging met een dollar per uur omhoog (haar baas belde uit het niets op om haar dat te vertellen), en haar broer die ver weg woont en normaal alleen belt als er een familielid dood is, bood zomaar aan om haar te helpen met verhuizen, iets wat hij bij geen van haar zes eerdere verhuizingen had gedaan.

Robbin, een andere vriendin, liep tijdens de 48 uur waarin ze haar experiment uitvoerde naar haar auto en trof daar een prachtige, handgemaakte leren tas aan, een cadeau dat een vriendin, die niets wist van haar experiment, daar voor haar had achtergelaten.

'Ik vind die tas zo mooi dat ik hem nog altijd gebruik', zegt ze.

De resultaten van het experiment verschillen, afhankelijk van je bewustzijn. Sommige mensen krijgen iets eenvoudigs. Zo ging er bij mijn vriendin Julie zomaar een jongetje van twee, dat ze nog nooit eerder had gezien, naast haar zitten op een bankje in het park. Ze lachten naar elkaar als twee soulmates die elkaar weer hadden gevonden. Maar het kan ook iets zijn waarvan je steil achteroverslaat. Eric, ook iemand die het experiment deed, kreeg zomaar een gratis skireis naar Lake Tahoe aangeboden.

Wees je bewust van het gevoel dat het je geeft als je het energieveld om een zegening vraagt. Word je er een beetje zenuwachtig van, vraag je je af of je niet egoïstisch bezig bent, twijfel je of het wel netjes is dat je om iets fijns vraagt? Jouw gevoel geeft je opvallende inzichten. Misschien geloof je niet dat je een cadeau verdient. Die gedachte stuurt seintjes naar het energieveld en beïnvloedt de weerklank ervan. Misschien denk je dat je alleen iets mag vragen wat je echt nodig hebt. Dat sein wordt ook naar het energieveld gestuurd.

Om het experiment goed te kunnen doen, moet je je scepsis laten varen. Niet voorgoed, slechts 48 luttele uurtjes. Je hoeft maar twee dagen te verwachten dat je bewijs zult krijgen. Verwacht dat je 'the dude' haarscherp te zien krijgt. Ga er met je hele hart van uit. En met elk stukje van je ziel. Zoals elke goede hypothese is ook deze weerlegbaar. Hoor je 48 uur lang niets van het VM, gooi het hele idee dan gerust aan de kant.

1. Bepaal de tijd waarop je het experiment begint. Ik vind 'nu' altijd wel een goeie.
2. Schrijf de tijd en datum op.
3. Vraag het VM om zijn aanwezigheid kenbaar te maken. Vraag om een zegening. Als je wilt kun je de 'intentie' of 'aanpak' uit het onderzoeksverslag dat hierna komt herhalen. Of bedenk er zelf een.

Dat is alles. Laat los. Observeer.

Onderzoeksverslag

Het principe: Het The Dude Abides Principe

De theorie: Er bestaat een onzichtbare energiekracht of een veld van oneindige mogelijkheden. En het is aan jou om het te gebruiken.

De vraag: Bestaat het VM echt?

De hypothese: Als er een energiekracht is die 24/7 tot ieders beschikking staat, kan ik er elk moment toegang toe krijgen door er simpelweg mijn aandacht op te richten. Daarnaast zal de kracht mij, als ik om een zegening vraag en daar een termijn en duidelijke instructies bij geef, een cadeau sturen met de woorden: 'Graag gedaan.'

Benodigde tijd: 48 uur

Datum van vandaag: _____ **Tijd:** _____

Deadline voor het ontvangen van het cadeau: _____

De aanpak: Ik heb een vervelende mededeling voor je, VM, maar de mensen beginnen te kletsen. Ze beginnen zich af te vragen: 'Meent die gast het nou serieus?' Ik bedoel, is het nu echt zoveel moeite om even hier naartoe te komen en te kappen met verstoppertje spelen? Ik geef je precies 48 uur de tijd om te laten zien dat je er bent. Ik wil een opgestoken duim, een duidelijk teken, iets wat ik niet kan afdoen als toevalligheid.

Aantekeningen:

_____
_____
_____
_____

▣ ▣ ▣

Er is nu een wetenschap van spiritualiteit die volledig verifieerbaar en objectief is.
– Dr. Amit Goswami, gepensioneerd theoretisch natuurkundige

EXPERIMENT 2

HET VOLKSWAGEN JETTA PRINCIPE:

HOE JE HET VELD BEÏNVLOEDT EN WAT JE ERUIT HAALT IS AFHANKELIJK VAN JOUW OVERTUIGINGEN EN VERWACHTINGEN

Wonderen zijn net zoiets als puisten, want als je er eenmaal naar gaat zoeken, zie je er meer dan je ooit had durven dromen.

– Lemony Snicket (pseudoniem van Daniel Handler) in *A Series of Unfortunate Events*

De premisse

Wat zich in ons leven voordoet is een directe weerspiegeling van onze gedachten en emoties. Mijn vriendin Linda vertelde me een geweldig verhaal over een jonge vrouw die ze een keer had zitten observeren op het vliegveld. Het arme kind was in gevecht met drie zware tassen. Maar haar eigen weinig positieve houding zat haar meer in de weg dan haar logge bagage. Luidkeels uitte ze haar boosheid over het feit dat ze helemaal geen hulp kreeg.

'Waarom', bleef ze maar roepen, 'duurt het zo lang tot de bus komt? Waar blijft die bus, verdomme? Dit is absoluut onacceptabel!'

Linda zei dat ze het meisje best zielig vond, ware het niet dat de bus waar ze over klaagde anderhalve meter bij haar vandaan stond, met de deuren wijd open. De bus reed twee keer rond en stopte elke keer om passagiers op te pikken, maar het nijdige meisje had er geen oog voor. Omdat ze vol overgave voor strijd en woede koos, bevond de bus zich letterlijk buiten haar energetische terrein.

Daarom heb ik dit principe naar een populair type auto genoemd. Zodra een nieuw model of product of merk jouw bewustzijnsgebied binnenkomt, zie je het ineens overal.

Hetzelfde gebeurt als je je brein richt op wat je niet wilt.

Gegevenheden als gebrek, pech en gevaar spelen net zo min een overheersende rol in je leven als de Volkswagen Jetta, maar zodra je ze je bewustzijnsgebied binnenbrengt krijgen ze, verdrietig genoeg, de overhand.

Volgens natuurkundigen is er een nulpuntveld (dat ik het veld van de mogelijkheden of het VM noem) waar elke mogelijkheid bestaat. Er is bijvoorbeeld een mogelijkheid dat je ballerina wordt, of Amerikaans senator. Maar er is net zo goed een mogelijkheid dat je eindigt als zwerver in Haight-Ashbury*. Als het op het VM aankomt zijn de mogelijkheden oneindig.

Aangezien ik geen natuurkundige ben en de naam David Bohm** nauwelijks kan uitspreken, laat staan dat ik zijn theorie over de verschillende niveaus van werkelijkheid begrijp, zie ik het veld liever als een gigantische Walmart***, met honderdduizenden 'producten', oftewel mogelijkheden. Dit is denk ik een geschikt moment om te melden dat ik geen fan van Walmart ben, en dat ik de multinational nooit heb kunnen vergeven dat ze mijn favoriete stoffenwinkel en drogist op de hoek uit de markt hebben gestoten. Maar als alleenstaande moeder met een beperkt budget verlaag ik mezelf er soms toch toe er te winkelen. En als ik dat doe, weet ik precies waar ik de stoffen, de puzzels, de kinderschoenen – dingen die ik er pleeg te kopen – kan vinden. Maar ik ben me totaal niet bewust van de andere honderdduizenden producten die er in de schappen liggen.

Waarom niet? Omdat ik er niet naar op zoek ben.
Dat betekent niet dat ze er niet zijn. En ook niet dat ze minder 'echt' zijn als de puzzels en de schoenen. Het betekent alleen maar dat ik me er niet van bewust ben. Om een voorbeeld te noemen: mijn dochter kwam een keer uit school met hoofdluis. Na een moment van pure paniek, waarin ik overwoog

---

* Haight-Ashbury is een wijk in San Francisco die lange tijd bekendstond als achterstandsbuurt. [vert.]
** David Bohm is een in Amerika geboren Britse kwantumfysicus. [vert.]
*** Walmart is een Amerikaanse warenhuisketen. [vert.]

mezelf van de dichtstbijzijnde brug te storten, besloot ik uiteindelijk dat ik een veel beter rolmodel voor mijn kind zou zijn als ik op zoek ging naar luizenshampoo. En jawel, in een gangpad in Walmart waar ik tientallen, zo niet honderden keren langs was gelopen, bevond zich een uitgebreide selectie luizenshampoos. Waarom was me dat nooit eerder opgevallen? Omdat ik er niet naar op zoek was.

De ketenen waar we aan vastzitten

Je gekste misvattingen, je vreemdste hersenspinsels en je meest duistere nachtmerries betekenen allemaal niks.
— Een Cursus in Wonderen

Een paar jaar geleden had een bedrijf een actie waarbij ze honderd reizen weggaven naar elke bestemming die je maar wilde. Dat betekende dat de gelukkige winnaars naar Parijs konden vliegen om de Eiffeltoren te zien, of naar Australië om Ayers Rock te beklimmen, of konden gaan luieren op een strand in de Caraïben. Je gelooft het niet, maar vijfennegentig procent van de winnaars koos een bestemming minder dan vier uur bij hun huis vandaan. Vier uur.

Dat vat zo'n beetje samen hoe de mens in elkaar zit. Hoeveel er ook te kiezen valt, de meesten van ons blijven liever op maximaal vier uur afstand van de 'comfort zone'. We weigeren in beweging te komen, zelfs als er genoeg bewijs is dat we daardoor fantastische dingen mislopen. Zonder dat we ons er echt van bewust zijn, brengen we het leeuwendeel van de tijd dat we wakker zijn door in de negativiteit waarmee we vertrouwd zijn. De kracht van het negatieve is zo sterk dat velen van ons hele dagen bezig zijn met de ene deprimerende gedachte na de andere: *nu heb ik me alweer verslapen, die oorlog is zo oneerlijk, de economie ligt op zijn gat, de benzine is zo duur, ik word gek van mijn baas [of mijn kind of mijn_____]*.

Negativiteit en angst ontstaan op het moment dat we geboren worden. 'Daarbuiten is de grote, boze wereld, Jimmy. Waag het niet om met vreemden te praten. Haal het niet in je hoofd om dat gekke liedje te zingen in de supermarkt. Straks hoort iemand het.'

We leren onszelf grenzen op te leggen. We leren in schaarste te geloven. We leren dat onze natuurlijke neiging om lief te hebben, te creëren en te dansen vreemd en onpraktisch is.

Onze ouders denken dat het hun taak is ons te leren voorzichtig en verantwoordelijk te zijn en ons als volwassenen te gedragen. En als je om de een of andere reden het geluk hebt dat jouw ouders je deze lessen niet leren, indoctrineert onze cultuur je snel genoeg met de gedachte dat het je levensdoel moet zijn bezittingen te vergaren en dat hard werken de enige manier is om deze spullen te krijgen. Tegen de tijd dat we naar de basisschool gaan, zijn we steengoed in wedijveren en helemaal gewend aan een leven in angst en schaarste.

Maar weet je, het zijn gewoon trucjes, slechte gewoonten. Het staat heel duidelijk omschreven in *Een Cursus in Wonderen*: 'Als je eenmaal een gedachtesysteem hebt ontwikkeld, ga je ernaar leven en leer je het aan anderen.' Als je een overtuiging hebt gevormd, zet je al je zintuigen en je hele leven in om te zorgen dat die overtuiging standhoudt.

Natuurkundigen noemen dit fenomeen: 'het instorten van de golffunctie'. In de kosmos bevinden zich ontelbaar veel kwantumdeeltjes, die daar ronddansen en zich verspreiden in golven. Zodra iemand naar deze energiegolven kijkt, veranderen ze direct in een vaste stof, zoals gelatine in de koelkast. Jouw waarneming zorgt ervoor dat ze een solide, echte, stoffelijke vorm aannemen.

Weet je nog hoe Sneeuwwitje in de gelijknamige Disney-film in het bos op de grond lag te huilen? Ze heeft het gevoel dat er allemaal ogen naar haar staren. En inderdaad, er dartelen tientallen boswezens rond. Maar zodra ze haar hoofd opricht om te kijken, duiken al die schattige vogeltjes, eekhoorntjes en hertjes achter de bomen. Het enige wat ze ziet is het stille, bewegingloze bos.

In werkelijkheid is ons universum een bewegend, ronddartelend energieveld met oneindige mogelijkheden, maar omdat onze ogen gefocust zijn op problemen, denken we dat dat de werkelijkheid is.

Het lijkt echt op de werkelijkheid (en anders zie je het wel als je het gelooft)

Je zult pas losbreken als je inziet dat jij zelf de kettingen smeedt die je vastketenen.
– Arten in *The Disappearance of the Universe* van Gary Renard

In 1970 deden Colin Blakemore en G.F. Cooper, wetenschappers aan de Cambridge University, een fascinerend experiment met jonge katjes. Dat was vast voordat dierenrechtenactivisten iets te zeggen kregen, want wat ze deden was een nestje katjes de toegang tot licht ontnemen. Slechts één keer per dag lieten de wetenschappers een uur of twee lang net genoeg licht naar binnen schijnen zodat de katjes een aantal verticale zwarte en witte strepen konden zien. Dat was alles. Twee uurtjes, een paar strepen. Ik weet niet of ze uiteindelijk last kregen van hun geweten of dat iemand van PETA* in hun nek begon te hijgen, maar na een aantal maanden bevrijdden ze de katten uit het donker. Wat ze toen ontdekten, was dat de corticale cellen (hersencellen die verbonden zijn met de oogbol, voor degenen van jullie die niet wetenschappelijk onderlegd zijn) die georiënteerd zijn op niet-verticale lijnen, bij deze katten in winterslaap waren gegaan. Ze konden geen horizontale lijnen meer zien. Ze botsten letterlijk tegen horizontaal gespannen touwtjes op.

In 1961 nam antropoloog Colin Turnbull tijdens zijn onderzoek naar de Pygmeeën een van zijn onderzoeksobjecten mee uit het bos waar hij woonde. Omdat de Pygmee nog nooit een open vlakte had gezien, bleek zijn diepteperceptie net zo te werken als de corticale cellen bij de katten. Toen Turnbull een kudde buffels in de verte aanwees, weigerde de Pygmee, wiens diepteperceptie verstoord was, hem te geloven. 'Echt waar, het zijn mieren', zei hij stellig.

Zijn waarneming werd beïnvloed door wat hij gewend was te zien. Omdat wij denkende wezens zijn, proberen we de wereld om ons heen voortdurend te verklaren. Dat klinkt als iets goeds, toch? Ware het niet dat we elk beetje informatie dat niet overeenkomt met onze overtuigingen veranderen, zonder het te merken. We kneden net zo lang tot alles in het hokje van ons omkaderde overtuigingensysteem past.

---

* PETA is een Amerikaanse dierenrechtenorganisatie. [vert.]

EXPERIMENT 7 HET VOLKSWAGEN JETTA PRINCIPE

We denken dat wat onze zintuigen ons vertellen waar is, maar feit is – en ik blijf je hiermee om de oren slaan – dat dit maar de helft van een miljoenste van een procent is van wat er allemaal mogelijk is.

Aan de basis van de hersenstam bevindt zich een groep cellen ter grootte van een tumtummetje die als taak hebben alle binnenkomende informatie te evalueren en te sorteren. Dit controlecentrum, dat het Reticulair Activatie Systeem (RAS) wordt genoemd, stuurt informatie waarvan het denkt dat het urgent is naar het actieve deel van de hersenen, en onbelangrijke gegevens naar het achterste deel. Maar als het zo bezig is de boel te organiseren, is het ook druk met interpreteren, conclusies trekken, en alles eruit filteren wat niet overeenkomt met onze overtuigingen.

Anders gezegd: wij repeteren de wereld die we willen zien voordat het echt zover is. Beetje jammer alleen dat we het verkeerde script hebben gekregen.

Dit eenvoudige, 48 uur durende experiment bewijst dat wat je in het leven ziet, niets anders is dan waar je naar op zoek bent. Het bewijst ook dat je alles kunt *vinden* waar je naar zoekt. En het belangrijkste is dat het bewijst dat door hetgeen je zoekt te veranderen, je radicaal kunt veranderen wat zich in je leven voordoet.

Anekdotisch bewijs

> *Volgens mij zitten we niet meer in Kansas, Toto.*
> – Bumpersticker gezien in Lawrence, Kansas

Waarschijnlijk heb je nog nooit van Peter en Eileen Caddy gehoord. Maar de naam Findhorn zegt je vast wel iets. Herinner je je die tuin in Schotland waar kolen groeiden zo groot dat je er een bestelbus mee omver kon kegelen? Peter en Eileen Caddy zijn degenen die die bijna 20 kilo zware kolen kweekten (goed om te weten: een doorsneekool weegt 2 kilo), en dat deden ze door hun gedachten op een hogere waarheid te richten.

Voor de rest zat het ze absoluut niet mee. Toen de Caddy's, hun drie zoons en Dorothy Maclean, eveneens spiritueel zoeker, de stacaravan op het winderige schiereiland dat de Noordzee insteekt betrokken, kon je het stuk land het beste omschrijven als dood en geen cent waard. Geen verstandig mens zou deze plek hebben uitgekozen om ook maar iets op te verbouwen, laat staan er een moestuin te beginnen. De aarde – als je het al zo kon noemen – bestond uit stenen en zand, de wind blies er zo hard dat een gemiddelde kleuter ervan om zou vallen en de plaatselijke kroeg hield het midden tussen een vuilnisbelt en een gammele garage.

Maar door zich te concentreren op een hogere waarheid, creëerden ze een moestuin waarvoor 'wonderbaarlijk' het enig juiste woord zou zijn. Hoewel de 20 kilo zware kolen alle publiciteit kregen, kweekten de Caddy's nog 65 andere groentesoorten, 21 soorten fruit en 42 verschillende kruiden. En daarna begonnen ze ook nog met bloemen.

Ik weet wat je denkt: ze hadden gewoon geweldige compost en een goed biologisch boerenbedrijf. Maar de waarheid is dat de aarde zo slecht van kwaliteit was, dat zelfs de landbouwadviseur van de provincie meende dat compost niets uit zou halen. Toen de Caddy's hun experiment met het hogere

EXPERIMENT 7 HET VOLKSWAGEN JETTA PRINCIPE

bewustzijn begonnen, hadden ze nul ervaring met tuinieren en geen geld om tuingereedschap te kopen. Ze waren, vriendelijk gezegd, blut. Peter, die daarvoor had gewerkt als manager van een viersterrenhotel, was ontslagen en ze leefden met z'n zessen van een uitkering die neerkwam op ongeveer 20 dollar per week.

Nee, er was maar één reden waarom ze groente gingen verbouwen: het was een kans om hun drie opgroeiende jongens fatsoenlijk te eten te geven. Maar toen ze hun bewustzijn begonnen te richten op de spirituele waarheid, en niets anders, gebeurden er allerlei vreemde dingen. Hadden ze bodembedekking nodig, dan viel er ineens een baal stro van een voorbijrijdende vrachtwagen. Wilden ze een patio aanleggen, dan stonden er ineens overgebleven zakken cementmix bij het vuilnis van de buren. En terwijl de planten van de buren ziek werden, werden die van hen resistent tegen ziekten en ongedierte.

De moestuin van de Caddy's trok steeds meer bezoekers en tegenwoordig is Findhorn een bloeiende spirituele gemeenschap waar jaarlijks 14.000 spirituele zoekers op afkomen.

Peter zegt erover: 'Met je gedachten kun je alles laten gebeuren. Stem af op het goddelijke bewustzijn en je kunt de waarheid in materiële vorm laten verschijnen. Wat je denkt, creëer je.'

Er is geen macht in de wereld die jou van deze bron kan afsnijden, behalve je eigen bewustzijn.

De methode

Alles wat we denken te zien is slechts een gok, een voorspelling die onze hersenen doen.
– Kurt Anderson, auteur van *True Believers*

De komende 48 uur (dat is alles – een pijnvrije verplichting van twee dagen; zodra het experiment voorbij is mag je gerust terugkeren naar je miezerige leventje) ga je actief uitkijken naar bepaalde dingen. En zoals brugklassers die een worm moeten ontleden, en niet een menselijk lichaam, begin je met iets simpels – groene auto's. Als je het per se wilt mag je ook een andere kleur kiezen. Zonsondergang-beige of zo. De eerste 24 uur van het experiment spreek je bewust de volgende intentie uit: 'Hierbij stel ik mezelf tot doel de volgende dag van mijn leven uit te kijken naar (oké, jij wint) zonsondergang-beige voertuigen.' Nogmaals, je hebt verder niets nodig. Gewoon je ogen openhouden en de intentie uitspreken. En vervolgens simpelweg opletten of je bewustzijn iets heeft veranderd in het aantal zonsondergang-beige auto's dat je ziet.

Op de tweede dag, tijdens de tweede 24 uur, stel je jezelf als doel gele vlinders te vinden. Of paarse veren. Kies maar een intentie. Mijn vriendin Jeanette deed het experiment in januari, op het noordelijke schiereiland van Michigan, en vond gele vlinders op briefpapier en op een kartonnen bekertje op het verjaardagsfeestje van een vriendinnetje van haar dochter.

Een andere vriendin, Angela, las *The Secret* in het vliegtuig. In dit populaire boek over de wet van aantrekking werd lezers gevraagd de intentie uit te spreken dat ze een gratis kop koffie zouden krijgen. Ze moest lachen, want de stewardess had nog maar twee gangpaden te gaan voor ze haar de belangrijke stewardessenvraag 'Koffie, thee of frisdrank?' zou stellen.

'Dit is niet helemaal eerlijk', zei ze, maar ze maakte toch de intentie en ging verder met lezen.

Maar tijdens haar overstap boog een vreemdeling die bij haar in de buurt zat in de wachtruimte zich naar haar toe en zei: 'Mijn vlucht werd net omgeroepen. Ik kan deze niet meer meenemen en heb er nog geen slok van genomen. Wilt u hem misschien?'

Je raadt het al: het was een verse Starbucks-latte.

Onderzoeksverslag

Het principe: Het Volkswagen Jetta Principe

De theorie: Hoe je het veld beïnvloedt en wat je eruit haalt is afhankelijk van jouw overtuigingen en verwachtingen.

De vraag: Zie ik echt alleen wat ik verwacht te zullen zien?

De hypothese: Als ik besluit om uit te kijken naar zonsondergang-beige auto's en vlinders (of paarse veren), zal ik ze vinden.

Benodigde tijd: 48 uur

Datum van vandaag: _____ **Tijd:** _____

De aanpak: Volgens dat maffe mens Pam Grout is de wereld een weerspiegeling van wat ik wil zien. Zij zegt dat alleen mijn eigen illusies me ervan weerhouden vrede, vreugde en liefde te ervaren. Dus ga ik vandaag, ook al vermoed ik dat ze gestoord is, op zoek naar zonsondergang-beige auto's. En morgen ga ik op vlinderjacht.

a. Aantal zonsondergang-beige auto's dat ik heb gezien: _____

b. Aantal vlinders dat ik heb gezien: _____

Aantekeningen:

_____
_____
_____

■ ■ ■

*Wonderen zijn niet in tegenspraak met de natuur, maar
alleen in tegenspraak met wat wij van de natuur weten.*
– Sint Augustinus, Romeins filosoof en theoloog

EXPERIMENT 3

HET ALBY EINSTEIN PRINCIPE:

OOK JIJ BENT EEN ENERGIEVELD

Het ligt voor het grijpen, schat. Dat is alles wat je moet weten – het ligt voor het grijpen.
– Ray Charles, Amerikaans zanger en pianist

De premisse

Ik zal je niet vervelen met een heel verhaal over kwantumfysica. Daar heb ik er duizenden van gelezen, en geloof me, leuk waren ze niet. Maar voor we verdergaan wil ik wel een paar geruchten de wereld uit helpen.
Om te beginnen ben jij niet wie je denkt dat je bent.
Jij denkt dat je een afgebakend leven hebt – van zo'n 70 à 80 jaar – waarna je begint te rimpelen, reuma krijgt en omvalt. *Boem!* Afgelopen. Maar dat is net zo onwaar als wat je vannacht droomde over die lange blonde.

Jouw lichaam houdt je voor de gek, want het is maar een fractie van wie jij werkelijk bent. Negenennegentig procent van wie jij bent is onzichtbaar en kun je niet aanraken. Het lichaam waarvan ik denk dat het Pam Grout is – een magere, 1.78 meter lange vrouw met een permanent huidprobleem – is slechts een flinter van wie ik werkelijk ben, en net zo min de echte ik als de babyfoto's waarop ik tweeënhalve maand oud ben en een belachelijk roze hoedje op heb.

Schaam je niet als je je hebt laten wijsmaken dat jij, je lichaam en de wereld om je heen niets meer dan materie zijn. Het valt niet mee om aan de vooravond van een revolutie te staan. De nieuwe ideeën die wetenschappers nu eindelijk serieus beginnen te nemen brengen al onze overtuigingen over hoe de wereld werkt en wat wij zijn aan het wankelen.

De volledige waarheid en niets dan de waarheid

Alles wat je weet over het universum en zijn wetten is hoogstwaarschijnlijk voor 99,99 procent onwaar.
– Dr. Fred Alan Wolf, Amerikaans kwantumfysicus

Wat Einstein ontdekte, en wat de beroemde vergelijking $E = mc^2$ inhoudt, is dat massa en energie gewoon twee vormen van hetzelfde ding zijn. Energie is bevrijde materie en materie is energie die op het punt staat vrij te komen.

In alles wat leeft zit een enorme hoeveelheid energie opgeslagen – zeg maar gerust een absurde hoeveelheid. Jij, en ik neem voor het gemak even aan dat je een gemiddeld formaat mens bent, bevat niet minder dan 7 maal 10 tot de 18e (7×10^{18})

joule potentiële energie. Dat zegt je nu misschien niet zo veel, maar stel dat je een statement zou willen maken. Als je iets uitgekookter was en wist hoe je ervoor kon zorgen dat deze energie vrijkomt, dan kon je die gebruiken om jezelf te laten ontploffen met de kracht van 30 grote waterstofbommen.

Met andere woorden: de materiële wereld is niets anders dan verdichte energiepatronen. Wetenschappers hebben al die sub-subatomaire deeltjes in een deeltjesversneller gestopt, ze op elkaar laten botsen, en kwamen uiteindelijk tot de conclusie dat er geen deeltje is dat de bron vormt. Het is allemaal pure, onbegrensde energie die zo snel vibreert dat je het niet kunt meten of observeren. Dus al ziet het er met het blote oog anders uit, jij bent energie.

Om precies te zijn is niets op aarde vaste stof. Jij niet, dit boek niet, de stoel waarop je zit niet. Haal de massieve wereld uit elkaar tot je bij de kleinste onderdeeltjes bent gekomen en je ziet dansende deeltjes in een lege ruimte. Het ziet er alleen massief uit doordat de energie wat langzamer vibreert dan de lichtsnelheid.

Dat is energie – vibrerende deeltjes. En dat betekent dat jij, het boek en de stoel ook vibreren.

Energie is best vaag. Je kunt die niet zien, krabben of mee uit eten nemen. Maar je kunt wel (elke dag opnieuw) beïnvloeden hoe ze naar je toe stroomt. En omdat het de bouwsteen van alles in het universum is, geeft dat je behoorlijk veel macht.

Probeer eens het volgende experiment dat ik van energiepionier Donna Eden leerde.

1. Breng je handpalmen naar elkaar toe, alsof je in je handen gaat klappen, maar stop als ze ongeveer 8 centimeter bij elkaar vandaan zijn.

EXPERIMENT 3   HET ALBY EINSTEIN PRINCIPE   97

2. Kruis nu je polsen tot je armen een X vormen. Je polsen moeten het midden van de X vormen, maar wel 8 centimeter van elkaar verwijderd blijven.
3. Richt je aandacht op de ruimte tussen je polsen. Omdat er meerdere energiecentra in je polsen zitten, zullen de energieën contact maken en waarschijnlijk voel je een bepaalde sensatie in de ruimte ertussen.
4. Breng je polsen iets dichter naar elkaar toe, haal ze dan weer wat verder bij elkaar vandaan en herhaal dit een paar keer.

Zie je wel? Ik zei het toch: jij bent energie. En jij kneedt en vormt deze energie voortdurend met je bewustzijn. Je doet het met elke gedachte, elke intentie en alles wat je doet. Hoe je je voelt, wat je denkt, gelooft en belangrijk vindt en hoe je je leven leeft beïnvloedt hoe de energie door jou heen stroomt. Om het simpel te zeggen: het beïnvloedt hoe jij vibreert.
En hoe jij vibreert beïnvloedt weer wat je uit het voortdurend bewegende energieveld haalt waarmee je verweven bent, waarin je zwemt. Alles wat op dezelfde frequentie of golflengte vibreert, trek jij uit dit veld jouw wereld in.
Laten we zeggen dat je je enthousiast, blij en dankbaar voelt. Die emoties zenden hoogfrequente trillingen uit die meer dingen aantrekken waar je enthousiast, blij en dankbaar van wordt. Alles met dezelfde hoge frequentie springt zo over naar jouw energieveld.
Maar ben je bang, voel je je schuldig en zie je achter elke boom een vijand, dan stuur je laagfrequente trillingen uit die nare dingen je leven in trekken.
We trekken aan wat op dezelfde manier vibreert. Wij veroor-

zaken die vibraties zelf en zijn dus de 'magneet', of de oorzaak. Het werkt net als met een stemvork. Tik met een stemvork ergens tegenaan in een ruimte vol stemvorken die op verschillende toonhoogten zijn geijkt, en alleen de stemvorken die op dezelfde frequentie zijn afgestemd zullen ook geluid maken. En ze trillen het hele Minneapolis Metrodome door. Gelijke krachten trekken elkaar aan; dat is een klassieke natuurkunderegel.

Er is geen 'jij' en 'zij'

Wie niet geschokt is door natuurkunde, heeft haar niet begrepen.
– Niels Bohr, Deens natuurkundige

Alsof je nog niet genoeg gekkigheid over je heen hebt gekregen, gooi ik er nog een klein detail in. Alles in de fysieke wereld die wij kennen is verbonden met al het andere in die fysieke wereld. Je bent verbonden met één onderliggend, universeel energieveld. 'Het Veld', zoals papa Alby Einstein zei, 'is de enige werkelijkheid.'
Het lijkt alsof dingen gescheiden zijn omdat ze op verschillende golflengten vibreren, net zoals de noot C op een andere golflengte vibreert dan de B. Elk van deze trillingen veroorzaakt een keten in het elektromagnetische veld, die op zijn beurt energie instructies geeft en stuurt.
Dit pulserende energieveld is de centrale motor van jouw bestaan en je bewustzijn. Waar dat veld is? Je kunt beter vragen waar het *niet* is. Alles in het universum is met dit energieveld

verbonden – alle levensvormen, of het nu Afrikaanse zebra's, de hosta's in je tuin of smeltende ijsbergen zijn. Jouw intelligentie, creativiteit en fantasie en dit schitterende en complexe energieveld reageren op elkaar.

Wij zien er misschien uit als losstaande lichamen met losstaande ideeën, maar we zijn samen één groot pulserend, vibrerend bewustzijnsveld.

Anekdotisch bewijs

Niet wat je niet weet brengt je in moeilijkheden, maar dat waar je zeker van bent, en wat toch niet zo is.

– Mark Twain, Amerikaans auteur

Edwene Gaines is een van mijn favoriete Unity-dominees. Ze is grappig en wijs en ze weet hoe de spirituele principes werken. Ze reist door de Verenigde Staten om seminars over voorspoed te geven, waarbij ze mensen leert hoe ze een welvarend leven kunnen leiden dat draait om God.

Net als wij allemaal leerde Edwene met vallen en opstaan hoe de spirituele principes werken. Over haar 'eerste grote openbaring' heeft ze een hilarisch verhaal. Een *openbaring* is volgens de Unitics (dat zijn mensen die graag in de Unity-kerk komen) iets wat plaatsvindt als je iets wat je graag wilt of nodig hebt zomaar uit de lucht tovert – min of meer.

Toen Edwene haar eerste openbaring kreeg waren de spirituele principes nog vrij nieuw voor haar. En ze was, om het beleefd uit te drukken, blut. Zelf zegt ze: 'Ik had geen cent te makken.'

Maar van haar spiritueel leraar had ze het idiote gerucht gehoord dat God haar niet alleen graag mocht, maar dat hij de hemelpoort voor haar wilde openen en haar wilde overladen met zegeningen – als ze maar leerde hoe ze haar energie kon sturen. Maar dan moest ze eerst weten wat ze wilde en wanneer.

Dat was makkelijk. Binnen 15 minuten vulde Edwene een heel kladblokvel met haar wensen – nieuwe groene schoenen, een nieuwe mannelijke partner, een nieuwe auto, en ga zo maar door.

Ze besloot dat ze ook een week vakantie naar Mexico City wilde. Daar was ze nooit geweest, maar het leek haar een perfecte plek om haar Spaans te oefenen. En ze wilde de Piramide van de Zon, de Piramide van de Maan en de schilderijen van Diego Rivera altijd al een keer in het echt zien.

Edwene had geen geld voor de reis, dus dat ze dat opschreef vond ze, zoals ze zelf zegt, 'een grote grap'. Maar ze dacht ook: *Kan mij het schelen!* Ze ging zelfs naar een reisbureau, bladerde in de brochures en maakte een voorlopige reservering, waarbij ze besloot dat ze over drie maanden wilde vertrekken. 'Het ergste wat er kon gebeuren, leek me, was dat ik een figuur zou slaan tegenover het reisbureau wanneer bleek dat ik het niet kon betalen', legde Edwene uit.

'Maar dat komt doordat je je niet rijk voelt', zei haar leraar. 'Je vibreert niet zoals een rijk iemand.'

'Dat had ik je ook wel kunnen vertellen', antwoordde Edwene. 'Heb je mijn bankafschriften van de laatste tijd gezien? Ik kan de elektriciteitsrekening nauwelijks betalen.'

'Daarom moet je nu naar buiten gaan en iets doen waardoor je je rijk voelt', zei haar leraar stellig.

EXPERIMENT 3   HET ALBY EINSTEIN PRINCIPE

Edwene besloot dat de supermarkt haar grootste uitdaging was.

'Ik was zo iemand die alleen het hoognodige kocht – bonen, brood, bloem, de basisdingen', zegt ze. 'Ik durfde mezelf nooit eens te verwennen met luxe spullen, zoals badschuim. Ik leefde op een budget.'

De eerstvolgende keer dat ze in de supermarkt was, besloot ze daarom over de afdeling met luxe etenswaren te wandelen, gewoon om eens rond te kijken.

Daar zag ze een pot olijven gevuld met amandelen. En ze wist direct dat dat was wat rijke mensen eten. Dus ze kocht ze, nam ze mee naar huis en belde haar vriendin Lana.

'Lana, ik kom eraan. We gaan bij jouw zwembad zitten, we halen je nieuwe kristallen wijnglazen tevoorschijn en we gaan de fles wijn opdrinken die je net hebt gekocht. We gaan de veel te dure olijven die ik heb gekocht opeten en we doen alsof we op een exotische vakantie in Mexico City zijn.'

'Wát zeg je?' zei Lana.

Uiteindelijk wilde ze wel meedoen. En dus zaten ze bij Lana's zwembad, dronken wijn, aten olijven, lachten en deden alsof ze op vakantie waren in Mexico City.

'Liefje, welke piramide zullen we morgen eens bezoeken?' vroeg Edwene. 'Of wil je misschien liever naar het strand?'

En dan antwoordde Lana: 'We doen allebei, en dan lopen we daarna over de markt om naar de mariachi te luisteren.'

Ze hadden zo'n plezier dat Lana besloot dat ze ook naar Mexico City wilde. De volgende dag ging ze naar hetzelfde reisbureau om te reserveren.

Binnen een week belde Lana's moeder en zei: 'Weet je, ik wil dat ticket naar Mexico City graag voor je betalen.'

'En dat terwijl *ik* de affirmaties uitsprak', grapt Edwene daar nu over.

Een paar weken later belde het reisbureau naar Edwene om te zeggen dat ze haar reservering kwijt was als ze niet dezelfde dag langskwam om de tickets te betalen.

'Oké, ik kom er direct aan', zei Edwene, al voelde ze zich net Old Mother Hubbard* met haar compleet lege keukenkastjes. Ze stapte in haar auto en besloot dat het tijd was voor een hartig woordje met God.

'God', zei ze, 'nu heb ik alles gedaan wat ik kon. Ik heb mijn verlanglijst gemaakt. Ik heb affirmaties uitgesproken. Ik heb gedaan alsof ik rijk was. Zoals ik het zie, bent u nu aan de beurt. En, Grote Vriend, omdat het reisbureau heeft gebeld ga ik daar nu naartoe, en u zorgt maar dat het geld er op tijd is.'

Op weg naar het reisbureau kreeg ze ineens het gevoel dat ze even bij haar moeder langs moest gaan.

'En ik ken mezelf goed genoeg om te weten dat ik stiekem hoopte dat als ik mijn moeder vertelde dat Lana's moeder het ticket voor haar had gekocht, mijn moeder mijn ticket misschien zou betalen', geeft Edwene toe.

Ze ging haar moeders huis binnen, deed zo lief als ze kon en vertelde haar moeder over de vakantie die Lana en zij voor zichzelf hadden bedacht. Toen ze klaar was met haar verhaal keek ze haar moeder aan en zei: 'En weet je wat? Lana's moeder betaalt haar ticket voor haar. Is dat niet geweldig?'

'Dat is inderdaad geweldig', zei Edwene's moeder. 'Wat zeg je me daarvan?'

---

* Old Mother Hubbard is de hoofdfiguur uit het gelijknamige oude Engelstalige kinderversje. [vert.]

Ontmoedigd beëindigde Edwene haar bezoek, en op weg naar de deur vroeg haar moeder haar of ze zo vriendelijk wilde zijn om de post voor haar uit de brievenbus te halen.

De oprijlaan was lang, en onderweg naar de brievenbus schopte Edwene kwaad binnensmonds mopperend tegen de steentjes op het pad. Op de weg terug bekeek ze de enveloppen en zag dat één brief aan haar gericht was.

'Je moet weten dat ik al 15 jaar niet meer bij mijn moeder woonde en er al 15 jaar geen post meer ontving', zegt ze.

Edwene, die geen idee had wie de afzender was, scheurde de enveloppe open. Tot haar verbazing bleek er een brief van een oud huisgenootje in te zitten, met wie ze 15 jaar ervoor een huis deelde en die inmiddels was getrouwd. In die tijd waren ze allebei jong en arm, en dus gedwongen het huis in te richten met oude spullen van het Leger des Heils.

Nog geen drie maanden nadat ze het huis hadden betrokken kreeg Edwene een baan als lerares aan de andere kant van de oceaan, en liet ze haar huisgenoot, het appartement en de tweedehands meubelen achter.

Dit stond er in de brief:

Beste Edwene, toen ik laatst door het telefoonboek van Houston bladerde, zag ik het adres van je ouders. Ik wil je vertellen dat ik ben getrouwd en met mijn echtgenoot in een mooi, nieuw huis ben gaan wonen. We hebben het ingericht met nieuwe meubelen, dus ik heb alle spullen die wij 15 jaar geleden kochten verkocht. Toen bleek dat – je gelooft het niet – een deel daarvan behoorlijk wat waarde had. Het voelde niet goed om al het geld voor mezelf te houden, omdat we destijds beiden zoveel moeite hebben gedaan om dat appartement in te richten. Ik heb een cheque met jouw helft van het geld bijgesloten.

'En weet je wat?' zegt Edwene. 'Het was op de cent af het bedrag dat ik nodig had om mijn ticket te betalen, plus 100 dollar zakgeld.'

En Edwene had nog een grappig vervolg op haar verhaal. Uiteraard hadden Lana en Edwene een geweldige tijd in Mexico City. Ze hadden gewinkeld, aan het zwembad gezeten, de piramiden bezocht en over marktjes geslenterd.

'En overal waar we kwamen kreeg Lana bloemen', zegt Edwene. 'Liepen we over een markt, dan stopten de mariachi met spelen om haar een gardenia te brengen. Eén keer zaten we in de bus toen een jongen instapte, Lana een roos gaf, en weer uitstapte. En een keer werd er toen we 's avonds zaten te eten een grote witte doos naar onze tafel gebracht. Lana maakte hem open – zat er een dozijn orchideeën in.

Toen begon ik me echt een beetje achtergesteld te voelen. Ik zei tegen God: "Luister vriend, ik wil ook een teken krijgen dat ik geliefd ben"', vertelt Edwene.

Nog geen 15 minuten later bracht de ober van het restaurant de hors-d'oeuvres.

'En God heeft echt gevoel voor humor', lacht Edwene. 'Want weet je wat de ober bracht? Olijven gevuld met amandelen.'

De methode

> *De westerse wetenschappers – en eigenlijk wij allemaal – zitten in een lastig parket, want om onze huidige bestaanswijze te handhaven, moeten we een enorme hoeveelheid informatie negeren.*
>
> – Cleve Backster, botanisch onderzoeker en voormalig CIA-agent

Hoewel dit een van de belangrijkste spirituele principes is (en onthoud dat 'spiritueel' gewoon het tegenovergestelde van *materieel* betekent), kwam het niet aan het licht in een kerk, maar in een natuurkundelaboratorium. Ja, het waren wetenschappers die voor het eerst ontdekten dat, ondanks alles wat het tegendeel bewees, mensen geen materie zijn, maar voortdurend in beweging zijnde energiegolven.

In dit experiment ga je aantonen dat jouw gedachten en gevoelens ook energiegolven creëren. Je gaat het volgende doen: je neemt twee metalen kleerhangers, te vinden in vrijwel elke kledingkast. Draai de hals van elke hanger los, zodat je twee rechte stukken ijzerdraad krijgt. Dat zijn je 'Einstein-toverstokken'. Of liever gezegd: dat worden ze, als je ze tot een L buigt, met een lang gedeelte van ongeveer 30 centimeter en 12 centimeter voor het handvat. Knip een plastic rietje doormidden (je kunt er gratis een halen bij McDonald's), schuif de handvatten die je zojuist hebt gevouwen in de halve rietjes (dan kunnen de toverstokjes makkelijker heen en weer zwaaien), en buig de onderkant van de handvatten om zodat de rietjes blijven zitten.

Doe nu net alsof je revolverheld Matt Dillon in *Gunsmoke* bent, door de toverstokjes op borsthoogte en zo'n 25 centimeter van je lichaam af te houden. Eerst zwiepen ze ongecontroleerd heen en weer (zoals ik al zei: je bent een stromende rivier van energie), dus geef ze een momentje om tot rust te komen. Als ze zijn gestopt met fladderen kun je met het experiment beginnen.

Houd je blik naar voren gericht en denk aan een vervelende gebeurtenis uit je verleden. Afhankelijk van hoe sterk de emotie is die je daarbij voelt, zullen de toverstokjes recht naar voren blijven wijzen (zwakke emotie) of zich met de uiteinden naar elkaar toe draaien. De toverstokjes volgen dan de elektromagnetische banden om je lichaam, die samentrekken door de negatieve frequentie die wordt opgewekt door je pijnlijke gedachte en emoties.

Zorg vervolgens dat je frequenties positief worden door aan iets liefs of leuks te denken. Nu zullen de toverstokjes naar buiten draaien omdat je energieveld zich uitstrekt naar je positieve energiestroom.

Oké, houd je blik weer naar voren gericht, maar concentreer je aandacht op een object dat zich helemaal rechts of helemaal links van je bevindt, en zie hoe de toverstokjes je gedachten volgen. Hoe meer je hiermee speelt, hoe makkelijker je de trillingen voelt veranderen als je van de ene frequentie overschakelt op een andere.

Onderzoeksverslag

Het principe: Het Alby Einstein Principe

De theorie: Jij bent een energieveld in een nog groter energieveld.

De vraag: Zou het waar zijn dat ik uit energie besta?

De hypothese: Als ik energie ben, kan ik mijn energie sturen.

Benodigde tijd: Twee uur experimenteren.

Datum van vandaag: _____ **Tijd:** _____

De aanpak: Vette shit, ouwe! Met niets anders dan mijn eigen sterke gedachten en energie kan ik toverstokjes heen en weer laten zwiepen. Denk je eens in wat voor wonderen ik ongetwijfeld nog meer kan verrichten! Zoals een beroemde president het ooit zei: 'Bring it on!'

Aantekeningen:

_____
_____
_____

❑ ❑ ❑

Een echte wetenschappelijk onderzoeker zijn – je onbevooroordeeld laten leiden door puur wetenschappelijk onderzoek – houdt in dat je niet bang moet zijn om het ondenkbare te opperen en je vrienden, collega's en wetenschappelijke paradigma's hun ongelijk te bewijzen.

– Lynne McTaggart, auteur van *Het Veld*

EXPERIMENT 4

HET ABRACADABRA PRINCIPE:

WAT JE AANDACHT GEEFT, GROEIT

Ik kan de externe invloeden in mijn leven manipuleren, net zo goed als ik een baby aan het huilen kan maken met mijn grijns.

– Augusten Burroughs, Amerikaans auteur

De premisse

Toen ik voor het eerst hoorde dat ik met mijn gedachten materiële dingen kon bemachtigen, deed ik wat elk intelligent, weldenkend mens zou doen: schamper lachen. Maar ik besloot ook om het gewoon eens te proberen. Een geheim experimentje kon geen kwaad, toch?

Andrea, mijn lerares, zei dat ik drie dingen moest opschrijven die ik wilde hebben. Dat was alles. Ik hoefde ze niet ter plekke uit de lucht te toveren. Ik hoefde ook geen budget te maken.

Ik hoefde alleen maar een lijstje te maken. Kon mij het schelen. *Ik wil een fiets, een computer en een piano.*

Nog geen twee weken later was ik de trotse eigenaar van een geweldige rode mountainbike en een IBM PC Junior. De piano liet wat langer op zich wachten. Maar een paar jaar geleden belde mijn vriendin Wendy, die naar Maryland ging verhuizen, om te zeggen dat ik haar prachtige kersenhouten Kimball mocht hebben, als ik hem zelf kwam halen. Mijn dochter, die toen op pianoles moest, is er nog steeds pissig over.

Jawel, dit is het hoofdstuk waar jullie allemaal op zaten te wachten: het hoofdstuk over hoe je materiële dingen kunt manifesteren. Het spirituele principe waar mensen die graag willen geloven net zo warm voor lopen als 15-jarige jongens voor Megan Fox.

Laat me raden: ook jij hebt ooit *Denk Groot en Word Rijk*, *The Magic of Believing* of *De Kracht van Positief Denken* gelezen, of welke combinatie daarvan dan ook. Het mogen dan oude, chagrijnige boeken zijn, er is een reden dat ze nog steeds worden gedrukt. Er blijkt een universele waarheid uit. Als je weet wat je wilt, mag je het hebben.

Mijn vriend Chris – oké, de meesten van mijn vrienden – denkt dat dit principe met magie te maken heeft, met mysterieuze krachten die voor sommige mensen werken, maar voor anderen niet. Maar het is echt niet ingewikkelder dan van Biloxi, Mississippi, naar New Orleans lopen, als je maar een goede kaart hebt. Laten we zeggen dat Biloxi staat voor wat je nu hebt – een gedeukte Escort uit '94, een vervelende baan en weekends waarin je in je eentje dvd's kijkt. New Orleans, waar je naartoe wilt, staat voor een gloednieuwe Jaguar, een dik betaalde baan waar je al je talenten in kwijt kunt en waardering krijgt, en weekends waarin je films kijkt met een adembenemend aantrekkelijk exemplaar van de andere sekse.

Dus, hoe kom je daar? Door je aandacht te richten op New Orleans. Door te vergeten dat Biloxi en je gedeukte Escort uit '94 bestaan. En door te beseffen dat je altijd óf op weg bent naar New Orleans, óf weer terug richting Biloxi gaat. Elke gedachte is een stap de ene of de andere kant op. Gedachten die je terug naar Biloxi sturen zijn: *Er zijn geen goede banen en leuke dates*, of de populairdere gedachte: *Er zijn wel goede banen en leuke dates, maar types als ik kunnen ze niet krijgen.*

Gedachten die je dichter bij New Orleans helpen, zijn: *Mijn nieuwe baan wordt geweldig*, en: *Jeetje, wat is de persoon die naast me op de bank zit toch tof*. Hoe meer energie en enthousiasme je erin steekt, hoe sneller je er bent.

Sommige mensen gaan er helemaal voor, doen een paar stappen richting hun verlangens, raken in paniek en hollen direct terug naar Biloxi. Anderen komen voorbij de stadsgrenzen van Biloxi, lopen nog een eindje, stoppen om rond te kijken en worden vervolgens kwaad omdat het er niet uitziet als New Orleans.

Natuurlijk ziet het er niet uit als New Orleans. Je bent er namelijk nog niet. Wat je ziet is het platteland net buiten Biloxi, daar moet je nu eenmaal door om bij New Orleans uit te komen. Maar je hebt Biloxi verlaten. Even juichen dus, en weer door. Blijf focussen. Wat je ook doet, stop niet met lopen. De enige manier om bij die heerlijke, met champagne overgoten finish te komen is je neus in die richting houden. Niet omdraaien, niet achteromkijken. Biloxi is geschiedenis. Houd je aandacht gericht op ... zei ik New Orleans?

Eerst geeft dit nieuwe, heldhaftige avontuur je een heerlijk

EXPERIMENT 4   HET ABRACADABRA PRINCIPE

gevoel. Het zal je verbazen hoe makkelijk het je afgaat om op dat prachtige New Orleans gefocust te blijven. Je lacht en huppelt en geniet van de vergezichten. Maar dan gebeuren er onvermijdelijk dingen die je van je doel afhouden. Je gedachten worden chagrijnig, je nieuwe aanpak gaat ze vervelen, en ze willen terug naar Biloxi – eventjes maar, alleen een kopje thee drinken. Je gaat je steeds minder met New Orleans bezighouden en steeds meer redenen zoeken waarom die hele aanpak nergens toe leidt. Misschien moet je hem uit zijn lijden verlossen voordat hij oud genoeg is om zich te herinneren waar je woont.

Niet doen. Gewoon doorlopen en focussen op New Orleans.

Op het gevaar af muggenzifterig te lijken, wil ik er even duidelijk bij zeggen dat het voorbeeld van Biloxi en New Orleans slechts een metafoor is. Het laatste wat ik wil is Biloxi beledigen, want dat is toevallig een hartstikke coole stad, met het bijna nieuwe door Frank Gehry ontworpen Ohr-O'Keefe Museum of Art. Wat je vooral moet onthouden is dat er geen echt fysiek werk voor nodig is. Het gaat allemaal om het trainen van je brein, die onverbeterlijke luilak.

Het klinkt te mooi om waar te zijn, ik weet het. Maar ik heb het keer op keer zien gebeuren. Je hoeft echt niets bijzonders te kunnen om in New Orleans te komen. Je moet alleen bereid zijn te blijven lopen. En je aandacht, energie en bewustzijn erop te richten.

Ik moet altijd denken aan een goochelaar die een sjaal uit een gat trekt. Al krijg je alleen het uiterste puntje te pakken, dat is genoeg om de hele sjaal eruit te trekken. Het is alles wat je nodig hebt – een piepklein puntje. Besluit dat je de sjaal wilt hebben en blijf focussen tot je hem er helemaal uit hebt getrokken.

Wat je allemaal kunt manifesteren? Zo'n beetje alles wat je ooit hebt gezien, gehoord of meegemaakt. De hele wereld is een soort catalogus waaruit je dingen kunt bestellen. Als je iets hebt gezien, of als je het je alleen maar kunt voorstellen, pak je een uiteinde van die sjaal en begin je te lopen.

Misschien moet ik specifieker zijn. Het 'New Orleans' van mijn vriend Don was een Martin-gitaar. De goedkoopste Martin-gitaar kost 1100 dollar, en omdat hij er het geld niet voor had, sprak hij de intentie uit een Martin-gitaar te bezitten. Hij deed er absoluut niets voor, behalve geloven (terwijl hij zijn aandacht op die gitaar richtte) dat hij er op een dag, op wat voor manier dan ook, een zou krijgen.

Bijna een jaar later kreeg hij een bericht van zijn moeder: 'Je vader heeft net voor vijf dollar een oude gitaar gekocht op een rommelmarkt. Misschien leuk als speelgoed voor Daisy.'

Dat oude speelgoedding voor Dons dochter Daisy bleek een zeldzame Martin 000-28 uit 1943, waar er maar honderd van zijn gemaakt – dezelfde gitaar als die van Eric Clapton – met een waarde van rond de 20.000 dollar. Daisy moet waarschijnlijk wachten tot ze hem van haar vader erft.

Ik noem dit graag het Vrijheidsbeeld-principe. Hoewel dit principe het baken is dat staat voor alles wat mensen denken te willen hebben – vakanties naar Jamaica, een vakantiehuis in Malibu – hangt het eigenlijk ergens onderaan Maslows hiërarchie van menselijke behoeften.* Misschien op de eerste of tweede laag. Je moet dit principe uiteraard kennen, zodat je je geen zorgen meer hoeft te maken over materiële dingen

---

* De psycholoog Abraham Maslow maakte een piramidemodel waarin hij de universele behoeften van de mens rangschikte. [vert.]

EXPERIMENT 4 HET ABRACADABRA PRINCIPE 115

en de waarheid leert kennen over wie je bent, maar geen van deze 'dingen' is iets wat je *echt* wilt. Niet echt.

Als Jezus in beslag werd genomen door dromen over een huis aan het strand, had hij Lazarus nooit tot leven kunnen wekken en geen vissen en broden kunnen vermenigvuldigen. Dat gezegd hebbende, wil ik niet dat je je schuldig gaat voelen omdat je een groot huis in Malibu wilt. Er is niks mis met een groot huis in Malibu. Of met wat je ook maar wilt. Voel je niet schuldig. Ga ervoor. Loop er vol overgave naartoe. Wees je er alleen van bewust dat er hogere lagen zijn. En dat de meeste mensen alleen maar materiële dingen najagen uit angst. En uiteindelijk proberen we juist bij angst uit de buurt te blijven.

De dingen op een rijtje zetten (of wat coherentie is)

De grote geest is overal. Je hoeft niet met luide stem tegen hem te praten. Hij hoort alles wat er in je hart en hoofd omgaat.
– Black Elk, medicijnman van de Lakota-indianen

De meeste mensen denken dat ze voor een verandering kunnen zorgen door iets van 'Help!' naar God te roepen. Maar nu we weten dat God een krachtveld is dat het universum stuurt, weten we ook dat *elke* gedachte een verandering veroorzaakt. Elke keer als we iets denken – als is het maar stilletjes *In die rok ziet ze eruit als John Travolta in Hairspray*, of: *Ik pleeg harakiri als ik geen opslag krijg* – beïnvloeden we het veld van oneindige mogelijkheden. Volgens mij moet ik gewoon nog een keer herhalen dat *elke gedachte het VM beïnvloedt*.

De enige reden dat we geen water in wijn veranderen of met één aanraking kanker genezen is dat onze gedachten alle kanten op vliegen. In plaats van op een onverstoorbare, zuivere stemvork lijken onze gedachten meer op een schoolband vol beginnende trompetspelers.

Aan de ene kant bidden we dat dingen goed komen, aan de andere kant maken we ons zorgen dat dat niet gebeurt. En als we ons een goede afloop voorstellen, denken we tegelijkertijd stiekem dat optimisme grote onzin is. We willen wel een vaste relatie met die-en-die, maar wat als hij ervandoor gaat? We willen wel geld verdienen, maar stond er in de Bijbel niet iets over kamelen en rijke mensen en het oog van de naald?

De kracht vliegt letterlijk tegen de muren op. Ga die kant op. Nee, wacht, ga toch maar de andere kant op. Zij stuitert heen en weer als een vuurvliegje in een jampot. Zij wordt verkwanseld omdat wij geen idee hebben wat we werkelijk willen. Het is niet zo dat het veld van mogelijkheden onze gebeden niet verhoort. We 'bidden' alleen voor te veel tegelijk.

Als je bedenkt dat de gemiddelde persoon zo'n 60.000 gedachten per dag heeft, snap je wel dat je leven wordt bepaald door heel wat meer dan het 'Alstublieft God, zorg dat ik onder die snelheidsboete uit kom' dat je prevelde toen je de flitsende rode lichten zag.

Oké, je hebt vandaag misschien om innerlijke rust gevraagd, maar je hebt ook 1200 gedachten besteed aan je druk maken om die collega die jouw idee voor de website heeft gejat. Ja, je hebt de intentie uitgesproken om 'groot te denken en rijk te worden', maar je hebt ook al 500 zorgelijke gedachten gewijd aan de afbetaling van je auto, waarmee je hopeloos achterloopt. Als je snapt wat bidden werkelijk inhoudt, is het ook makkelijker te begrijpen waarom een eenmalig verzoek aan God niet altijd iets oplevert.

De enige reden dat Jezus over water kon lopen, was dat honderd procent van zijn gedachten (gebeden) geloofde dat hij dat kon. Hij had het gangbare gedachtesysteem dat *alleen een idioot dom genoeg is om uit de boot te stappen* overwonnen. Er was geen sprankje twijfel, geen enkele gedachte (gebed) in zijn bewustzijn die er niet volledig in geloofde.

Jouw geest is heel machtig, hoe weinig respect je ook voor dit voorrecht toont en hoe machteloos je je ook voelt. Elke gedachte produceert op een of ander niveau vorm. Dat je gedachten vreemd zijn (en geloof me, als je een mens bent zijn op zijn minst sommige van je gedachten vreemd), betekent niet dat ze zwak of ineffectief zijn. Misschien zorgen ze er niet voor dat je krijgt wat je wilt, maar ze zijn nooit zwak en ineffectief.

Newtons eerste wet van het gebed

Door je gedachten te kiezen en door te selecteren welke emotiestromen je loslaat en welke je sterker maakt, bepaal je ... welk effect je op anderen hebt, en de aard van je ervaringen in het leven.

– Gary Zukav, auteur van *De zetel van de ziel*

Als je een tennisbal de lucht in gooit, kun je erop rekenen dat-ie weer naar beneden komt. Uiteraard valt-ie in de petunia's van de buren of op het dak van de 7-Eleven*, waardoor je een ladder nodig hebt om hem terug te krijgen, maar hij komt gegarandeerd naar beneden.

Je intentie is net zoiets als die tennisbal. Ze komt terug zoals je haar hebt uitgestuurd. Zoals Newton zei in zijn beroemde derde wet, actie = reactie: voor elke actie is er een even grote, tegengestelde reactie. Wat je uitzendt, waar je over 'bidt' ... dat krijg je in gelijke mate terug. Als je angstige gedachten uitzendt, krijg je dingen terug waar je bang voor bent. Als je kritiek levert, krijg je kritiek. Maar als je liefde geeft, krijg je liefde in overvloed terug. Als je zegeningen uitzendt, word je zelf ook gezegend.

Wil je weten waar je werkelijk om 'bidt', kijk dan eens goed naar je leven. Dan zie je je diepste gedachten, je diepste verlangens, de gebeden waar niemand van weet.

Een vriendin van me was bang voor spinnen. Haar grote angst was dat ze op een ochtend in haar make-upla zou graaien, en in plaats van een lipstick een enorme spin te pakken zou hebben. Deze ongegronde gedachte spookte maandenlang elke ochtend door haar hoofd, totdat ... raad eens? Ze in haar make-upla graaide en een grote, dikke, harige wolfspin vastgreep.

Je kunt het ook zo zien: gedachten zijn creatief. De gedachten die in je hoofd zitten, bewust of onbewust, creëren wat je in je leven tegenkomt. Elke gedachte heeft een bepaalde trilling. Het trillingsniveau, de intensiteit en de diepte van het gevoel dat erbij hoort bepalen op welke manier de gedachte bij je terugkomt. Je gedachten komen evenredig aan hun standvastigheid, intensiteit en kracht in je leven tevoorschijn.

---

* 7-Eleven is een Amerikaanse supermarktketen. [vert.]

EXPERIMENT 4 HET ABRACADABRA PRINCIPE

Shoot-out at the I'm O.K., You're O.K. Corral* (of hoe je brein werkt)

Ik ben stampdruk vanbinnen.
– Pradeep Venugopal, Indiase blogger

In je brein speelt zich een voortdurend gevecht af tussen verschillende, tegenstrijdige kanten van jezelf. Deze versplinterde intenties, zo zou je het kunnen noemen, zetten allerlei dynamieken in gang. Laten we zeggen dat je de bewuste intentie hebt om een nieuw huis te kopen. Op het moment dat je die intentie omzet in beweging, zend je tegelijkertijd een onbewuste maar even sterke angst voor een hogere hypotheek uit. Je begint te piekeren over rentes en je zorgen te maken over het houtwormonderhoudscontract van je huidige huis dat je onbedoeld hebt laten verlopen – en zo zend je onbewust nog veel meer intenties uit. En als die onbewuste angst-intenties sterker zijn dan de bewuste intenties die je verlangen uitdrukken ... nou ja, dan kun je wel raden wat gaat winnen.

De dynamiek van tegengestelde intenties kan verwarring en twijfel veroorzaken. Als je je openstelt voor nieuwe inzichten en verlangens en tegelijkertijd angst voelt, ontstaat er een strijd.

Als die strijd aanhoudt, ga je eraan twijfelen of het hebben van intenties wel iets oplevert. Of je stelt in elk geval vast dat het voor *jou* niets oplevert. Je raakt ontmoedigd en gaat geloven dat het leven en je omstandigheden sterker zijn dan jij. Geloof me, dat is niet zo. Bij lange na niet. Jouw tegenstrijdige

---

* Humoristisch liedje van de Amerikaanse komiek Greg Tamblyn over psychische problemen en complexen. [vert.]

intenties veroorzaken alleen turbulentie in het veld van mogelijkheden.

Jouw gedachten hebben extreem veel macht. Maar het VM reageert niet alleen op je smeekbeden. Ik zeg het nog maar een keer: het reageert op *elke* gedachte – bewust en onbewust – terwijl de tegengestelde kanten met elkaar in gevecht zijn. Dit zijn de vier meest voorkomende slagvelden:

1. De groef. Wij mensen hebben de vervelende neiging om in vaste patronen te vervallen. Herinner je je die 60.000 gedachten per dag waar ik het eerder over had? Op duizend gedachten na zijn dat precies dezelfde als die je gisteren had. Wetenschappers zeggen dat 98 procent van onze 60.000 gedachten herhalingen van die van de dag ervoor zijn.

Mijn buurvrouw heeft een onzichtbaar hondenhek. Je ziet het niet, maar als haar kleine Jack Russel het waagt om een poot buiten dat hek te willen zetten, krijgt hij een pijnlijke schok. Wij zijn net als die Jack Russel – we zitten opgesloten achter een onzichtbaar hek.

In plaats van onze gedachten te gebruiken om nieuwe ideeën te bedenken en antwoorden op grote levensmysteries te vragen, verspillen we ze aan triviale, onbelangrijke, totaal nutteloze dingen. Kijk maar eens naar de cover van een doorsnee-vrouwenblad:

Snel centimeters slanker

Last-minute feestlooks

Quiz: houdt je vriend echt van je?

EXPERIMENT 4   HET ABRACADABRA PRINCIPE

Hebben we niets beters om over na te denken?

Als die zeven miljoen lezeressen van *Ladies' Home Journal* zich nu eens afvroegen: *Wat kan ik doen om mijn ziel mooier te maken?* of: *Hoe zorg ik dat de wereld liefdevoller wordt?* dan zouden de grote problemen waar we zo bang voor zijn binnen een jaar zijn opgelost. Als zeven miljoen mensen zich op dergelijke onderwerpen concentreren, ontstaat er een niet te stoppen kracht!

2. Het werk van de reclamemensen. Amerikaanse adverteerders geven elk jaar meer dan 400 miljard dollar uit om je ervan te overtuigen dat je zonder hun product een ontzettende loser bent. Het enige doel van de reclamebranche is zorgen dat we ontevreden zijn met wat we hebben en wie we zijn. De gemiddelde Amerikaan ziet tussen de 1500 en 3000 commercials per dag. En zelfs mensen die geen tv kijken worden continu aangespoord om te 'consumeren'. Van geldautomaten tot het tasje van de stomerij tot de stickers op supermarktfruit, overal staat reclame op.

De gevaarlijkste reclames zijn, als je het mij vraagt, die voor geneesmiddelen, omdat ze mensen leren dat ze ziek zijn. Het is Madison Avenue* geweldig goed gelukt om ons wijs te maken dat we deodorant, mondwater en Domino's twee-voor-de-prijs-van-één-pizza's nodig hebben. Nu proberen ze nieuw terrein te winnen door ons aan te leren dat we ziek zijn. Steven Pressfield, auteur van de bestseller *The Legend of Bagger Vance* en andere boeken, zegt dat zijn baas bij het reclamebureau

---

* Aan Madison Avenue in New York zijn van oudsher veel grote reclamebureaus gevestigd. [vert.]

waar hij werkte hem instructies gaf om een 'ziekte te verzinnen' omdat 'we aan het geneesmiddel goud geld kunnen verdienen'.

3. De hoofden van andere mensen. Net als radiogolven die in de atmosfeer rondvliegen, krijg je ook voortdurend gedachten van andere mensen op je afgevuurd. Onbewust pik je gedachten op van je familie, je cultuur en je geloof, zelfs als je daar niet actief iets mee doet.

Ik ontmoette eens een jongen die ladingen producten had uitgevonden, waaronder spullen die jij en ik dagelijks gebruiken. Hij werd regelmatig 'een genie' genoemd. Maar als ze hem de No Child Left Behind-test* hadden laten doen, zou hij meteen terug naar de eerste klas moeten. Hij had nooit leren lezen. Opzettelijk, zei hij zelf.

'Als ik had leren lezen', zei hij, 'had ik de ideeën van andere mensen opgepikt en in mijn hoofd vastgemetseld. Ik kies ervoor om me niet met dergelijke stoorzenders bezig te houden.' Misschien is het handig om even te melden dat ik geen voorstander van analfabetisme ben; ik wil alleen maar zeggen dat hoe minder je je aantrekt van de drukke, met gedachten gevulde wereld, hoe makkelijker je toegang krijgt tot het VM. De enige reden dat spirituele *hotshots* mediteren, is dat het hen helpt zich af te sluiten voor stoorzenders.

4. Je eigen hoofd. Waar je ook aan denkt te denken, er ligt altijd wel een grotere gedachte op de loer die de overhand gaat

---

* Met de No Child Left Behind-test wordt de vooruitgang van Amerikaanse schoolkinderen getest. [vert.]

EXPERIMENT 4 HET ABRACADABRA PRINCIPE

nemen. Vervelend genoeg hebben we allemaal een soundtrack in de achtergrond van ons hoofd die ongeveer zo klinkt:

Er is iets mis met mij.
Ik ben niet goed genoeg.
Ik heb geen enkel talent.
Ik verdien het niet.
Ik kan het niet.
Het is te moeilijk.

Dergelijke negatieve uitspraken noemen we ook wel verkeerde gebeden, overtuigingen die je tegenwerken, maar waar je toch klakkeloos naar leeft. Het goede nieuws is dat ze niet waar zijn. Het slechte nieuws is dat ze werken alsof ze wel waar zijn. Ze zijn je eigen persoonlijke amulet dat je zonder het te beseffen altijd met je meedraagt. Je kunt je een leven zonder niet voorstellen, omdat ... nou ja, je bent het nu eenmaal gewend.

Toen ik net begon met schrijven voor tijdschriften, had ik zo'n groot minderwaardigheidscomplex dat het niet in Shea Stadium[*] zou passen. Omdat ik uit een klein stadje uit het Midden-Westen kwam, kon ik me niet voorstellen dat ik een hippe redactiechef uit New York iets te vertellen zou hebben. Ik stuurde de ene na de andere lijst met ideeën in, maar ik ging er nooit vanuit dat ze er veel mee zouden doen. Ik 'wist' tenslotte dat het lastig was om een opdracht te krijgen. Ik was al blij als ze mijn ideeën überhaupt onder ogen kregen.

---

[*] Shea Stadium was vroeger het stadion van de New York Mets. [vert.]

Overbodig te zeggen dat ik heel wat afwijzingen kreeg, zoveel zelfs dat ik heel Cincinnati ermee had kunnen behangen als ik behangpapier nodig had gehad. De redactiechefs zeiden niet dat ik kon doodvallen, maar ze moedigden me ook niet aan om ze nog een keer te schrijven.

Toen las ik een boek met de titel *Write for Your Life*, van Lawrence Block. In het begin van de jaren tachtig van de vorige eeuw toen Blocks column voor *Writer's Digest* op zijn populairst was, besloten hij en zijn vrouw een serie seminars te organiseren voor mensen die ook wilden gaan schrijven.

Anders dan bij veel andere seminars over schrijven, waar je leert hoe je een plot schrijft of een agent zoekt, behandelde Block het enige wat er echt toe doet als je schrijver wilt worden: hoe je zorgt dat je jezelf niet in de weg zit, hoe je van die ontelbare negatieve gedachten afkomt die je wijsmaken dat je een hopeloos oninteressant exemplaar van de menselijke soort bent.

Tijdens het seminar mediteerden de deelnemers, vormden ze koppels en vertelden elkaar over hun grootste angsten. Ze deden van alles om tot de kern van de zaak te komen: waarom ze wilden schrijven en dat toch niet deden.

De seminars waren een groot succes, maar Block, die schrijver was en leider van seminars, had er uiteindelijk genoeg van om het hele land door te reizen en evenementen te organiseren. In plaats daarvan gaf hij zelf het boek uit dat ik ongeveer in dezelfde tijd tegenkwam.

Ik nam het boek heel serieus. Ik deed alle opdrachten. Ik schreef affirmaties. Ik maakte contact met het kind in mij om erachter te komen waar ik zo bang voor was. Ik stuurde zelfs dertig dagen achtereen een ansichtkaart naar mezelf.

Op deze ansichtkaarten schreef ik positieve boodschappen als:

- 'Pam, je kunt geweldig goed schrijven.'
- 'Pam, jij hebt alles in je om opdrachten van New Yorkse redactiechefs te krijgen.'
- 'Jij bent interessant, Pam, en mensen willen weten wat jij te zeggen hebt.'

De postbode moet gedacht hebben dat ik niet helemaal jofel was, omdat ik steeds weer 25 cent (of hoeveel een postzegel in die tijd ook kostte) verspilde om mezelf ansichtkaarten te sturen waarop stond hoe fascinerend en fantastisch ik was. Maar als hij wist hoe mijn leven daardoor is veranderd, had hij het ook gedaan.

Opeens kreeg ik opdrachten van bekende tijdschriften – ja, die met de grote New Yorkse redacteurs. Het begon met *Modern Bride*, dat een stuk wilde over oefeningen die stellen samen kunnen doen. *Ladies' Home Journal* wilde een reisverhaal over Tampa Bay. En zo kreeg die eens zo onzekere schrijfster uit Kansas opeens opdrachten van grote nationale tijdschriften die je bij de tandarts in de wachtkamer ziet liggen.

Was ik ineens vloeiender gaan schrijven, kwam ik met betere ideeën? Een beetje misschien (dat was tenslotte een van mijn affirmaties), maar ik had vooral veranderd wat ik over mezelf dacht en zei.

Ik had de gedachte dat het lastig was om een opdracht te krijgen laten varen. Ik had het belachelijke idee dat ik niet genoeg talent had om voor nationale tijdschriften te werken losgelaten.

Eendrachtig communiceren

The main thing is to keep the main thing the main thing.
— T-shirt gezien in Hawaï

Filmmaker Michael Moore gaf tijdens een speech bij een uluitreiking eens het volgende advies: 'Jongens, jullie zouden allemaal eens moeten leren dat meisjes juist naar je toe komen zodra je ze geen aandacht meer geeft.'
In zeker opzicht werken onze intenties net zo. Als we geloven dat er absoluut een wonder moet gebeuren of dat we per se iets nodig hebben wat we nog niet hebben, ontkennen we de Waarheid. En dat is niet de juiste houding.
Steeds als we op zoek gaan naar een antwoord, gaan we er ten onrechte van uit dat dat antwoord er nog niet is. Als je de intentie uitspreekt dat je liefde wilt, of geluk, of iets anders waar je naar verlangt, schiet je je doel voorbij. Dan ga je er namelijk van uit dat het nog onzeker is welke kant je leven opgaat. Maar dat is niet zo.
Bidden is niet zoiets als God omkopen. Het is simpelweg het begrijpen van de hogere wetten, en beseffen dat ze sterker zijn dan de lagere wet van de fysieke wereld. Als je smeekt en vraagt en doet alsof iets er nog niet is, ga je uit van dualiteit, en niet van eenheid. En we gaan juist voor eenheid. Je moet in de veronderstelling leven dat jouw intentie al is uitgekomen. Het moet voelen alsof het allang is gebeurd – zo zorg je dat je er klaar voor bent ... om al die golven net zo één lijn te laten vormen als die van laserlicht.
Ik weet niet of je iets van lasertechnologie af weet, maar het werkt een beetje zoals het Congres op 12 september 2001.

EXPERIMENT 4 HET ABRACADABRA PRINCIPE

Weet je nog dat al die norse, oude senatoren en volksvertegenwoordigers opeens compleet vergaten dat ze Republikeinen en Democraten waren, liberalen en conservatieven? Dat het enige wat ze dachten was: *Ik ben Amerikaan, en zo is dat*, en dat ze als één groot, harmonieus koor 'God bless America' zongen? Dat is hoe laserlicht werkt.

Anders dan gewoon licht, dat uit verschillende golflengten bestaat, bestaat laserlicht uit slechts één golflengte, vandaar de perfecte precisie.

Zo zou je ook je intenties moeten vaststellen. Als je wilt dat er dingen gebeuren die de moeite waard zijn, tenminste. Jezus twijfelde er geen seconde aan dat er meer dan genoeg voedsel voor iedereen zou zijn.

Een van de redenen dat Jezus is gekruisigd is in feite dat de mensen die het voor het zeggen hadden vonden dat hij een beetje té zelfverzekerd was. Hoe durfde hij zo brutaal te zijn om te denken dat hij kreupelen weer kon laten lopen en melaatsen kon laten dansen? Maar Jezus *dacht* niet dat hij die dingen kon. Hij *wist* het. Hij wist wie hij werkelijk was, en daarom werkte zijn geest net zo precies als een laser. Hij vroeg zich niet af of een blinde man weer zou kunnen zien (een goede gezondheid en perfecte zelfexpressie zijn tenslotte ieders goddelijke recht) en of water wijn kon worden. Hij wist dat hij het recht had om hemel en aarde te bewegen. En dat is eigenlijk het enige verschil tussen Jezus en jou en mij. Wij vragen ons dat nog af.

Als je teruggaat naar het Aramees – zoals je misschien weet is dat de taal die Jezus sprak – blijkt dat de oorsprong van het woord *vragen* iets heel anders laat zien dan 'als het niet te veel moeite is'. In het Aramees betekent *vragen* een combinatie

van 'aanspraak maken op' (als in: dat stuk land is van mij) en 'eisen'. Als je ergens om vraagt in een gebed, maak je simpelweg aanspraak op iets wat jou toekomt. Jij hebt het recht, de verantwoordelijkheid zelfs, om de leiding over jouw leven te nemen.
Maar hoe kun je dat zeker weten? vraag je je af. Het is hetzelfde als weten dat twee plus twee vier is. Omdat dat een simpel, niet te veranderen wiskundig principe is. Als je twee bij twee optelt en op vijf uitkomt, is dat niet de schuld van wiskunde. Net zo goed als het niet de fout van het veld van mogelijkheden is als je niet de antwoorden krijgt die je wilt. Jij bent degene die loopt te knoeien met het principe.
Als je je met heel je persoonlijkheid focust op een intentie, werkt-ie als een laser, als één heldere lichtstraal.

Anekdotisch bewijs

> *Een schip is veilig in de haven, maar daarvoor zijn schepen niet gebouwd.*
> – Benazir Bhutto, voormalig minister-president van Pakistan

Toen hij 34 was, besloot Augusten Burroughs te stoppen met drinken en boeken te gaan schrijven die op de bestsellerlijst van de *New York Times* terecht zouden komen. In zijn memoires *Magical Thinking* schrijft hij: 'De stap van drankverslaafde copywriter die in een krot woont naar literaire sensatie met een plakboek vol lovende recensies leek groot. Zo groot als een ravijn. Maar op een dag besloot ik 'm te nemen.'
Veertien dagen later had hij zijn eerste manuscript af, een ro-

man met de titel *Sellevision*.

'Ik dacht niet dat het een bestseller zou worden. Het was gewoon een lekker boek. Maar ik verwachtte wel dat het uitgegeven zou worden', zegt hij.

Toen schreef hij een boek over zijn jeugd.

'En dat, besloot ik, moest een *New York Times*-besteller worden, hoog op de lijst. Er moesten tientallen vertalingen van komen en een optie voor een verfilming', schrijft hij.

Zijn agent zei dat hij beter wat minder hoog kon inzetten.

'Ik begreep zijn standpunt wel', legt Augusten uit, 'maar ik wist ook dat het boek enorm succesvol zou worden, niet omdat het buitengewoon goed geschreven was ... [maar] omdat het een bestseller moest worden zodat ik mijn walgelijke baan in de reclame kon opzeggen en fulltime kon gaan schrijven.'

Augustens memoires *Er Klopt Iets Niet* stond zeventig weken achtereen op de bestsellerlijst van de *New York Times*. Volgens de laatste telling is het uitgegeven in 15 landen en het is verfilmd met de geweldige Annette Bening in een van de hoofdrollen.

'Heb ik geluk gehad? Is de hebzuchtige wens van zomaar een wanhopige man toevallig in vervulling gegaan? Nee. Toeval bestaat niet.'

Bidden? Wie, ik?

Het is groter dan wij beiden, Ollie.
– Stan Laurel, Brits komiek

Vaak zeggen mensen tegen me: 'Ik bid nooit. Wat een tijdverspilling. Het is net zoiets als in de Kerstman geloven, of in de tandenfee.' Wat ik daarop antwoord? Stoppen met bidden is onmogelijk. Het kan niet. De christelijke mysticus Thomas Merton zei dat we 'bidden als we ademen'.

Neem nou Al Unser*. Hij noemde het geen bidden, maar toen hij, vijf dagen voor zijn 48e verjaardag, voor de vierde keer de Indianapolis 500-race won, liet hij de ware kracht van bidden zien.

Dat jaar – 1987 om precies te zijn – was hij uit zijn raceteam gegooid, ook al had hij de Indy 500 al drie keer gewonnen. Het zag ernaar uit dat hij de race voor het eerst in 22 jaar vanaf de zijlijn zou moeten bekijken. Zijn sponsors en de rest van de wereld schreven hem af als oud en versleten.

Maar Unser zelf was er in al zijn gedachten van overtuigd dat hij niet te oud was om te racen. Hij wist dat hij nog steeds kon winnen. Dat 'gebed' was zo sterk, dat toen Danny Ongais, een van de racers die zijn plaats in het team had ingenomen, tijdens een oefening crashte, Unser werd gevraagd om te racen in een reservewagen, een oude March-Cosworth.

Niemand verwachtte er iets van, behalve hijzelf. Hij reed niet alleen in een oud model, maar bleef, toen het bekende 'Gentlemen, start your engines!' uit de luidsprekers schalde, ook nog op de 20e positie hangen.

Maar daar schrok de drievoudig winnaar niet van. Hij zag zichzelf winnen, in elke vezel van zijn lijf. Een overwinning was het enige wat hij verwachtte. En eindelijk, tijdens het 183e rondje, wist hij zich naar voren te werken en voor de vierde keer de

---

* Al Unser is een voormalig autocoureur uit de VS. [vert.]

EXPERIMENT 4   HET ABRACADABRA PRINCIPE

Indianapolis 500-titel te behalen. Al Unser had geen moment getwijfeld. Elke gedachte die hij had 'bad' om een overwinning.

Of neem die moeder van twee kinderen, die nog nooit iets zwaarders had getild dan een boodschappentas vol diepvriesvoedsel, en ineens een Plymouth van 2 ton van haar zes jaar oude zoontje af kon tillen, toen hij eronder was vastgeraakt. Op dat moment was ze zo vastbesloten om haar kind te bevrijden, dat er geen plek was voor andere gedachten. 'Ik moet die auto optillen' was het enige 'gebed' in haar hoofd. Geen haar op haar hoofd die eraan twijfelde of zoiets mogelijk was.

De methode

De manier van denken die ons is aangeleerd houdt ons stevig in zijn greep.
– Buckminster Fuller, Amerikaans uitvinder en futurist

Met dit experiment, waarbij je niets anders gebruikt dan de kracht van je gedachten, ga je als een magneet iets je leven binnentrekken. Je gaat de intentie uitspreken om een bepaalde gebeurtenis of voorwerp je leven in te trekken. En je moet specifiek zijn, tot de soort en het model aan toe.

Omdat je maar 48 uur de tijd hebt, kun je misschien het beste iets kiezen dat er niet voor zorgt dat je gedachten hard terug naar 'Biloxi' hollen. Als je bijvoorbeeld besluit om voor een BMW Z3 2.8 Roadster te gaan, is de kans groot dat je voornaamste gedachte zal zijn: *Ja hoor, doe even normaal.* En je snapt wel dat die gedachte je niet naar New Orleans brengt.

Niet dat het je niet zou lukken om een BMW Z3 2.8 Roadster te regelen (er zijn goeroes in India die zomaar juwelen uit de lucht toveren), maar laten we in het belang van een paradigmaverschuiving met kleine stapjes beginnen. Kies iets wat je kunt bevatten, zoals eersterangs kaarten voor het theater. Of bloemen van je wederhelft.

Mijn vriend Chuck heeft dit experiment ook gedaan, en wilde bijdehand zijn. Hij wilde met twee meisjes tegelijk naar bed. Toen de 48 uur ten einde liepen, ontmoette hij een vrouw (met wie hij nu een relatie heeft), en niet lang erna lag hij in bed met haar en haar 6-jarige dochter, die erbij was gekropen om met haar moeder te knuffelen.

Daarom is het belangrijk om specifiek te zijn. En je te realiseren dat het VM gevoel voor humor heeft.

Onderzoeksverslag

Het principe: Het Abracadabra Principe

De theorie: Wat je aandacht geeft, groeit.

De vraag: Kan ik dingen uit de lucht toveren door er simpelweg aan te denken?

De hypothese: Door de volgende intentie uit te spreken en te focussen op de uitkomst, kan ik het mijn leven binnenhalen.

Mijn intentie:

_____

_____

_____

Benodigde tijd: 48 uur

De aanpak: Ik heb door de catalogus die we 'wereld' noemen gebladerd en in het belang van dit experiment heb ik besloten dat dit is wat ik in de komende 48 uur wil manifesteren. Ik ga me daar met mijn hele wezen op concentreren. En ik zal denken aan wat Abraham Hicks graag zegt: 'Het is net zo makkelijk om een kasteel te manifesteren als een knoop.'

Datum van vandaag: _____ **Tijd:** _____

Deadline waarop het gemanifesteerd moet zijn:

_____

Aantekeningen:

_____
_____
_____

Heel veel mensen denken dat ze nadenken, terwijl ze voornamelijk bezig zijn hun vooroordelen opnieuw te ordenen.
– William James, Amerikaans psycholoog en filosoof

EXPERIMENT 5

HET DEAR ABBY PRINCIPE:

JE CONTACT MET HET VELD GEEFT JE ZORGVULDIGE EN ONBEPERKTE BEGELEIDING

Hoe vaak heb ik, als ik met een beslissing of dilemma worstelde, niet gewenst dat de wolken uiteen zouden gaan en een kosmische Charlton Heston-achtige stem ons zou uitnodigen om naar de tweede verdieping te komen, alwaar de Bibliothecaris van het Leven een paar uur met ons zou gaan zitten om geduldig al onze vragen te beantwoorden en ons de weg te wijzen.

– Henriette Anne Klauser, auteur van *Write It Down, Make It Happen*

De premisse

Innerlijke begeleiding is altijd voorhanden. Er is geen tijd – nooit geweest, zal er ook nooit komen – waarop je geen steun van binnenuit kunt krijgen. Voor wat dan ook.

Afgaan op iets anders als je een beslissing moet nemen is vragen om problemen. De 'monkey mind' – een boeddhistische term voor het hinderlijke geratel in je hoofd, het gezoem, het *ge-wat-zal-ik-doen-wat-moet-ik-nu?*– is niet geschikt om problemen op te lossen. Dat is net zoiets als een nagelschaartje gebruiken om het gras mee te maaien. En toch laten de meesten van ons zich erdoor leiden – door de linkerhersenhelft, die geneigd is dingen verkeerd te beoordelen en te interpreteren en haar eigen verhaal ervan te maken.

Het bewuste brein is gemaakt voor twee dingen: problemen herkennen en doelen stellen.

Als je je brein op de juiste manier wilt gebruiken, doe je dat om een probleem te omschrijven en een intentie vast te stellen, en daarna laat je het snel weer met rust. Dat is alles. Dat is het enige waar de cortex cerebri goed voor is. Zaadjes planten. Maar in plaats daarvan bemoeit het bewuste brein zich overal mee en weegt het de voors en tegens af om tot 'rationele besluiten' te komen, en dan kan je onderbuikgevoel de boom in.

Zodra het bewuste brein een probleem heeft vastgesteld of een intentie heeft bedacht, begint het te mekkeren, te klagen dat het zo'n groot probleem is en dat het vast nog lang niet is opgelost en dat die intentie wel leuk klinkt, maar ... *Pfff, dat heb ik allang geprobeerd en de vorige keer werkte het ook voor geen meter.* Ik kan volstaan met te zeggen dat die spindoctor in je brein niet je beste hulpje is. Hij oordeelt, vervormt de werkelijkheid en veroorzaakt emotionele stress die helemaal niet nodig is.

Stel dat Jane haar bewuste brein gebruikt om de intentie te formuleren dat ze haar relatie met haar man wil verbeteren. Perfect! Hartstikke goed! Maar in plaats van het vervolgens los te laten en de intentie te laten bloeien, in plaats van het bewuste brein even op te bergen en zich te richten tot een bron waar ze echt iets aan heeft, laat Jane haar bewuste brein allerlei 'rationele' conclusies trekken en verschillende opties overwegen. En al snel schreeuwt het: 'Breek me de bek niet open!' En vanaf dat moment begint de kakofonie van stemmen net zo vals te klinken als een beginnend rockbandje dat in de garage van hun ouders op instrumenten zit te rammen:
'Mijn relatie met mijn man is een toneelstuk.'
'Mijn man is zo afhankelijk en lui.'
'Ik krijg nooit wat ik wil.'
Met andere woorden: het bewuste brein begint te interpreteren. Het probleem is dat het niet verder kan kijken dan zijn neus lang is, of verder dan de vooringenomen besluiten die het al heeft genomen voordat het oud genoeg was om beter te weten. De uitkomst daarvan kan slordig, willekeurig en wreed zijn.
Een betere oplossing is een nagelknipper te gebruiken waarvoor hij is bedoeld, en hem daarna terug te leggen in het medicijnkastje en gereedschap tevoorschijn te halen dat meer geschikt is om het gras mee te maaien – hulp van binnenuit. Als je er eenmaal bedreven in raakt, zul je merken dat het enorm betrouwbaar is. Bovendien zijn de antwoorden veel

vreedzamer en instinctiever, en meer van toepassing op alle onvoorspelbare factoren waar het bewuste brein zich geen raad mee weet.

Innerlijke begeleiding komt in allerlei vormen

> *Ik heb geen idee waar mijn innerlijke stem vandaan komt. Ik geloof zeker niet dat het de stem van Jezus Christus is, of van een dode voorvader met een beverige Ierse tongval, of een hooggeplaatst buitenaards wezen dat me bovennatuurlijke gegevens doorstuurt vanuit een ruimteschip – hoewel vooral dat laatste me wel heel leuk zou lijken.*
>
> – D. Patrick Miller, oprichter van Fearless Books

Soms krijg je innerlijke begeleiding zonder dat je erom vraagt. Zoals die nacht dat ik me zorgen maakte om mijn pasgeboren dochter, die 41 graden koorts had. Ik ijsbeerde met angst in mijn hart door het huis, met Tasman in mijn armen, en had geen idee hoe ik de koorts onder controle kon krijgen. Het was rond 3 uur 's nachts, en hoewel mijn vriendinnen altijd zeggen dat ik hen dag en nacht mag bellen, en ze dat vast ook echt menen, kon ik me er niet toe zetten dat ook te doen. In plaats daarvan beende ik heen en weer door ons kleine appartement. Plotseling klonk er een glasheldere stem in mijn hoofd. Die zei: 'Ik heb je dit fantastische cadeau niet gegeven om het vervolgens weer af te pakken.' Op dat moment wist ik dat alles goed zou komen.

Soms geeft je innerlijke gids je boodschappen die zo eenduidig zijn als die van die speelgoedbiljartballen die de toekomst voorspellen. Mijn vriendin Darlene had een vrij belachelijk visioen, althans, zo leek het toen. Ze voelde dat haar innerlijke gids wilde dat ze solliciteerde op de functie van dirigent bij haar kerk in North-Carolina. Prima idee, op één klein detail na: ze had geen muzikale opleiding en speelde alleen maar – slecht – altsaxofoon. Oké, ze zong graag, maar er is een verschil tussen van zingen houden en een club muzikanten instrumenten laten bespelen en ervoor zorgen dat het koor zuiver klinkt. Haar bewuste brein ging voor de spindoctor spelen: *Darlene, je bent hartstikke gek. Waarom zou God – of wie dan ook – willen dat jij dirigent wordt?*

Ze besloot het één kans te geven – een erg kleine kans, dat wel – en sprak met zichzelf af dat ze het visioen daarna zou opbergen waar het waarschijnlijk thuishoorde – in de vuilnisbak. Ze sloot de volgende deal met haar innerlijke gids: *Als je echt wilt dat ik dirigent word, zorg dan dat ik voor het einde van de dag de dominee, de raadsvoorzitter of de pianist tegenkom.* Omdat het maandag was en de kerk de rest van de week gesloten zou zijn, ging ze ervan uit dat dat toch niet zou gebeuren. Ze zou tenslotte de hele dag aan het werk zijn, en het was zo goed als onmogelijk dat ze een van die drie mensen toevallig in haar buurt zou tegenkomen.

Onderweg van haar werk naar huis deed ze boodschappen. Toen ze naar de kassa liep, hoorde ze een stem: 'Joehoe, Darlene. Wat doe jij hier?'

Het was geen etherische, geruststellende stem uit de diepte, zoals de stem die mij om 3 uur 's nachts troostte. Het was de stem van Mary Jenkins, de raadsvoorzitter, die vóór Darlene in de rij stond.

 EXPERIMENT 5 HET DEAR ABBY PRINCIPE   141

Wat ik wil zeggen, is dat begeleiding in allerlei vormen komt. Jarenlang riep Napoleon Hill, auteur van de klassieker *Denk Groot en Word Rijk* voor het slapengaan een imaginaire raadsvergadering bijeen met Ralph Waldo Emerson, Thomas Paine, Thomas Edison, Charles Darwin, Abraham Lincoln, Luther Burbank, Henry Ford, Napoleon en Andrew Carnegie. Als voorzitter van zijn zelfbedachte kabinet kon Hill vragen stellen en advies krijgen.

Toen deze nachtelijke vergaderingen een paar maanden aan de gang waren, merkte Hill tot zijn verbazing dat de leden van zijn kabinet ieder hun eigen eigenschappen begonnen te ontwikkelen. Lincoln begon bijvoorbeeld te laat te komen, om daarna ernstig rond te paraderen. Burbank en Paine probeerden elkaar te overtreffen met gevatte opmerkingen.

'Mijn ervaringen werden zo realistisch, dat ik bang werd voor de consequenties en ermee ben gestopt', gaf Hill toe in *Denk Groot en Word Rijk*.

Zoals veel mensen die op een ongebruikelijke manier innerlijke begeleiding krijgen, vond Hill het lastig om zijn nachtelijke raadsvergaderingen toe te laten.

Maar hij zei wel het volgende: 'Mijn kabinet met zijn leden was dan misschien puur fictief ... maar ze hebben me wel de weg gewezen naar geweldige avonturen, me nieuwe waardering voor ware grootsheid gegeven, mijn creativiteit gestimuleerd, en me het lef gegeven om te zeggen wat ik werkelijk denk.'

Innerlijke begeleiding kan in elke verpakking komen waar jij voor openstaat. Sommigen hebben een klap op hun kop nodig. Anderen zijn meer zoals Gary Renard, auteur van *De Verdwijning van het Universum*, die door zijn extreem open geest begeleiding kreeg van engelen, die zomaar verschenen toen hij op een avond tv zat te kijken.

Voordat hij New Thought-dominee* werd bij het Agape International Spiritual Center nabij Los Angeles, zag Michael Beckwith een visioen van een boekrol die zich uitrolde en waarop stond: 'Michael Beckwith gaat voor de Tacoma Church of Religious Science spreken.' Toen de dominee van de Tacoma Church belde en zei: 'Hé Michael, we willen graag dat jij voor onze kerk komt spreken', antwoordde Michael: 'Dat weet ik.'

We zetten onze innerlijke gids in het Bel-me-nietregister

Een van de voornaamste functies van geformaliseerde religies is mensen ervoor behoeden God rechtstreeks te ervaren.
– Carl Jung, Zwitsers psychiater

De meesten van ons staan helaas maar beperkt begeleiding toe. Grote borden met neonletters vinden we oké, net als telegrammen en verzegelde brieven van God, maar al het andere, nou ja, daar zijn we gewoon een beetje bang voor.
We zouden ons potdorie kapot schrikken als er vlak voor onze neus spontaan een boekrol uitrolde, of als er tijdens een aflevering van *Mad Men* ineens een engel voor de tv zou staan. Onze neurale paden hebben immers gezegd: 'Nee nee, ik niet, daar heb ik geen trek in.' Als er een engel aan het voeteneinde van ons bed zou verschijnen, belden we waarschijnlijk de politie.

---

* New Thought is een beweging die in de 19e eeuw in Amerika ontstond en die ervan uitgaat dat God of 'de oneindige intelligentie' overal aanwezig is, dat mensen spirituele wezens zijn en dat gedachten de werkelijkheid beïnvloeden. [vert.]

Dat moet best lastig zijn voor onze innerlijke gids. Hoe zou jij je voelen als iemand je een vraag stelde en je vervolgens de rug toekeerde en alles wat je te vertellen had negeerde? We zijn net vijfjarigen die met de vingers in de oren heel hard 'la-la-la-la-la' roepen.

Als je telefoon gaat begin je niet direct luid te praten als je hem oppakt. Je zegt eerst 'Hallo' en je luistert naar de persoon aan de andere kant van de lijn. Wij zitten de hogere macht een beetje te verwijten dat-ie ons geen duidelijke begeleiding geeft, terwijl we zelf die stomme telefoon niet opnemen.

Neale Donald Walsch was net met een pen in zijn hand en een paar lastige vragen in zijn hart gaan zitten, toen hij tot zijn stomme verbazing een stem, waarvan hij aannam dat het die van God was, hoorde zeggen: 'Wil je het antwoord echt weten? Of roep je maar wat?' Walsch, die aarzelend besloot het spel mee te spelen, zei: 'Allebei, eigenlijk. Maar als je antwoorden hebt, wil ik ze dolgraag horen.'

Waar hebben we het hardnekkige idee opgepikt dat innerlijke begeleiding slechts is weggelegd voor een paar geluksvogels? Het voert voor een groot deel terug op die mythen over God waar wij in geloven. Dat hij o zo mysterieus is en alleen bereikbaar op zondag. Maar wat je nooit hoort, is dat je innerlijke gids betrouwbaar is en altijd voor je klaarstaat. Hij is er altijd als je ervoor kiest ernaar te luisteren, net zoals CNN er altijd is als je besluit de tv aan te zetten. Zo betrouwbaar is het. En het staat je vrij om hem voor het blok te zetten, om duidelijke antwoorden te eisen. Nu.

Anekdotisch bewijs

Hoeveel bewijs je ook hebt, uiteindelijk ben je toch geneigd je af te sluiten voor ongewone ervaringen.
– Martha Beck, columnist van tijdschrift O

Michael Beckwith, de man met het visioen van de boekrol, keek eens omhoog naar een windmolen. Dat was voordat hij dominee werd, en hij er nog niet van overtuigd was dat de beslissing om gehoor te geven aan zijn goddelijke roeping de juiste was. Op de man af zei hij: 'God, als u luistert, als dit is wat U werkelijk voor mij wilt, zorg dan dat de windmolen mijn kant op wijst.'

Het was een winderige dag en de windmolen draaide hard in de andere richting, maar hij had dit nog niet gezegd of de windmolen stopte om zijn as te draaien zoals hij normaal deed, en wees zijn kant op.

Nu had hij al eerder ongelooflijke ervaringen gehad. Om zijn studie te kunnen betalen (toen hij nog van plan was arts te worden), verkocht Beckwith drugs – alleen aan zijn vrienden, uiteraard. En omdat hij een spontane, gezellige jongen was, was dat een, laten we zeggen, bloeiende business. Zijn marihuanahandel breidde zich uit naar beide kusten, en hij wist dat als hij het slim aanpakte, hij op zijn 24e met pensioen kon. Maar hij wist ook dat er iets niet goed zat. Zijn innerlijke gids bleef hem maar porren, gaf hem bizarre dromen om hem te laten weten dat er een betere weg moest zijn. Hij besloot te stoppen met drugs en voor die betere weg te kiezen. Tegen al zijn vrienden zei hij dat het klaar was: hij ging met pensioen. Tijdens zijn laatste deal (waarbij hij van zijn laatste voorraad af

zou komen) werd hij door de politie gepakt. Nu moet je weten dat hij niet alleen 50 kilo wiet in zijn bezit had, maar ook een grote voorraad contant geld, wapens en camera's.

En toch zei een stem binnenin: 'Alles komt goed.'

Zijn vrienden vonden het maar maf, zoals hij zich voor de rechtszitting gedroeg. 'Waarom zit je niet te stressen, waarom ben je niet in paniek, waarom bedenk je geen strategieën om er onderuit te komen?' vroegen ze hem.

'Ik was schuldig', zegt hij. 'Maar God had me er ook van verzekerd dat alles goed zou komen.'

Hij had inmiddels een grootsere kijk op dingen gekregen. Hij ging rustig naar de zitting (zijn advocaat was Robert Shapiro, nog voor O.J. Simpsons zaak, aan het begin van zijn carrière), vol vertrouwen dat deze gids, die er zo duidelijk was, hoe dan ook van hem zou houden en voor hem zou zorgen. Hij werd vrijgesproken wegens een vormfout, en toen de rechter erbij zei dat hij hem nooit meer wilde zien, wist Michael dat dat ook niet zou gebeuren.

Soms lukt het het veld van oneindige mogelijkheden zelfs om door te dringen tot mensen die het hele idee belachelijk vinden. In 1975 zag Gerald Jampolsky het diep vanbinnen helemaal niet meer zitten, hoe succesvol deze Californische psychiater voor de buitenwereld ook mocht lijken. Zijn huwelijk van 20 jaar was voorbij. Hij was behoorlijk aan de drank. Hij kreeg last van chronische rugpijn, waardoor hij niets meer kon. Maar het kwam uiteraard niet in hem op om hulp van boven te vragen.

Zoals hij het zegt: 'Ik wilde niks te maken hebben met een gedachtesysteem waar woorden als *God* en *liefde* in voorkwamen.'

En toch, toen hij *Een Cursus in Wonderen* onder ogen kreeg, het boek dat ik al vaker heb genoemd en dat je leert hoe je kunt transformeren door te kiezen voor liefde in plaats van angst, hoorde hij een stem duidelijk zeggen: 'Dokter, genees jezelf. Dit is je weg naar huis.'

En dat was het natuurlijk. Jampolsky heeft vervolgens vele boeken geschreven. Hij geeft overal lezingen over de principes uit *Een Cursus in Wonderen* en is zelfs een centrum voor mensen met levensbedreigende ziekten begonnen in Sausalito, Californië.

We kunnen precies de begeleiding krijgen die we nodig hebben, wanneer we maar willen. Maar in plaats van ervoor open te staan, hebben we onszelf de onnatuurlijke gewoonte aangeleerd niet te luisteren. Net als die buitenlandse uitwisselingsstudent die niet is opgegroeid met moderne techniek, en geen flauw benul heeft dat de telefoon naast zijn bed hem in contact kan brengen met dat leuke meisje van biologie. En denkt dat hij tot de volgende dag moet wachten voor hij weer met haar kan praten. Het is die straalkachel die ik over het hoofd zag, zoals ik beschreef in de Inleiding.

Meer anekdotisch bewijs

Gaf God me maar een duidelijk teken. Stortte hij bijvoorbeeld maar een enorm geldbedrag op mijn naam bij een Zwitserse bank.

– Woody Allen, Amerikaans filmmaker

Toen ze 25 jaar was, zat actrice Jamie Lee Curtis met haar vriendin Debra Hill in het appartement dat ze net had gekocht in Los Angeles. Debra, producer van *Halloween*, de griezelfilm waarmee Curtis' carrière begon, had als cadeautje voor het nieuwe huis de nieuwste editie van het tijdschrift *Rolling Stone* meegenomen. Ze zaten door het tijdschrift te bladeren, bespraken onderwijl opgewekt Jamie Lee's relatie die voorbij was, toen ze een foto van drie mannen zagen.

Jamie Lee wees de man rechts aan – hij droeg een geruit overhemd en grijnsde ondeugend – en zei tegen Debra: 'Met hem ga ik trouwen.'

Ze had hem nooit eerder gezien en had geen idee wie hij was, maar iets in haar zei dat hij 'de ware' was.

'Dat is Christopher Guest', zei Debra. 'Hij zit in een grappige nieuwe film, *This Is Spinal Tap*. Ik ken zijn agent.'

Jamie Lee vond dat ze haar overduidelijke onderbuikgevoel niet kon negeren, belde de agent de dag erna, liet haar telefoonnummer achter en zei dat Chris haar maar moest bellen als hij zin had.

Hij belde niet.

Een paar maanden later zat ze bij Hugo's, een populair restaurant in West-Hollywood, en toen ze opkeek staarde ze recht in de ogen van de man uit het tijdschrift, die drie tafels bij haar vandaan zat. Hij zwaaide alsof hij wilde zeggen: 'Ik ben de jongen waar je achteraan hebt gebeld.' Ze zwaaide terug.

Hmm, dacht ze. *Interessant*. Maar een paar minuten later stond hij op om weg te gaan. Hij stak nog eens nonchalant zijn hand op en liep naar de deur. Jamie Lee keek naar haar bord en gaf zichzelf op haar kop omdat ze in iets stoms als een 'innerlijke gids' had geloofd.

De volgende dag ging haar telefoon. Het was Chris Guest en hij wilde een afspraakje met haar. Vier dagen later gingen ze uit eten bij Chianti Ristorante op Melrose. Een maand later, toen Guest naar New York moest om een aflevering van *Saturday Night Live* op te nemen, waren ze tot over hun oren verliefd op elkaar geworden.

Niet lang daarna – ze zaten met elkaar aan de telefoon – zei Chris tegen Jamie: 'Ik was vandaag op Fifth Avenue.'

'O ja?' zei Jamie. 'Wat deed je daar?'

'Eh, houd je van diamanten?' vroeg hij.

Ze trouwden op 18 december 1984, acht maanden nadat Jamie Lee Curtis die stem vanbinnen hoorde.

De methode

> *Het splijten van de Rode Zee, water dat verandert in bloed, het brandende braambos ... die dingen gebeurden niet meer. Zelfs niet in New York.*
>
> – Michael Crichton, auteur van *Jurassic Park*

Met dit experiment gaan we aantonen dat de innerlijke begeleiding die Jamie Lee Curtis en anderen ontvingen niet iets vaags, *Twilight Zone*-achtigs en uitzonderlijks is, maar een heel realistisch, altijd aanwezig hulpmiddel waar we allemaal, elk moment, gebruik van kunnen maken.

Je gaat 48 uur lang wachten op een specifiek, concreet antwoord op een specifieke, concrete vraag. Die kan zo simpel zijn als of je wel of niet een Siamese poes zult nemen, en zo ingewikkeld als of je wel of niet voor die andere baan moet

EXPERIMENT 5 HET DEAR ABBY PRINCIPE

gaan. Hoe dan ook, geef je innerlijke gids 48 uur de tijd om te reageren. Maar pas op. Eén keer toen ik dit probeerde werd ik ontslagen. Terugkijkend was dat echter het perfecte antwoord, en misschien wel het enige dat ik wilde horen op de vraag: 'Is het tijd om een carrière als freelance schrijfster te beginnen?'

Kies een onderwerp waar je mee zit, iets waar je ja of nee op kunt antwoorden, iets waar je enorm over twijfelt en waarvan je niet weet wat je ermee aan moet. Ik weet dat je nu iets te binnen schiet, het maakt niet uit wat het is. Je kunt ermee aan de slag. Kijk op je horloge.

Vraag om een duidelijk, niet mis te verstaan antwoord en vraag of je het binnen de komende 48 uur mag krijgen. Misschien krijg je het direct. Misschien duurt het maar een dag, maar ga ervan uit dat je binnen 48 uur een antwoord in neonletters krijgt.

Het is jouw taak om de intentie en een termijn vast te stellen. Het VM doet de rest.

Stan (weet je nog, die knappe ex-surfer uit Esalen over wie ik het in de Inleiding had?) was zijn baan kwijtgeraakt. Alsof dat niet genoeg was, besloot zijn vriendin na een relatie van drie jaar dat het tijd was voor iets anders. Ik hoef er niet bij te vertellen dat hij voor een paar serieuze beslissingen stond. Boven aan de agenda stond, vond Stan, een manier verzinnen om aan geld te komen. Hij had alleen geen idee wat hij wilde doen. Ik herinnerde hem eraan dat er een goddelijk plan voor zijn leven was en dat dat duidelijk zou worden als hij simpelweg een intentie en een deadline zou vaststellen.

Stan zei zoiets als: 'Gast, als je echt een plan voor mijn leven hebt, geef me dan een wegwijzer. Ik heb niet veel tijd te verliezen, dus vrijdagochtend wil ik precies weten wat je voor me in gedachten hebt.'

Op donderdagavond zat Stan in het bronnenbad met een man die hij nog niet eerder had ontmoet. De man vertelde dat hij een centrum voor persoonlijke groei ging openen in Pennsylvania's Laurel Highlands en dat hij nog een manager zocht. Stan voelde onmiddellijk een alarm afgaan en nog geen 30 minuten later had de man hem de baan aangeboden, ook al had hij nul werkervaring in een centrum voor persoonlijke groei.

En het VM had zijn werk weer gedaan!

Onderzoeksverslag

Het principe: Het Dear Abby Principe

De theorie: Je contact met het veld geeft je zorgvuldige en onbeperkte begeleiding.

De vraag: Is het echt mogelijk voortdurend en onmiddellijk begeleiding te krijgen?

De hypothese: Als ik om begeleiding vraag, krijg ik een duidelijk antwoord op de volgende ja/nee-vraag:

_____

_____

_____

Benodigde tijd: 48 uur

Datum van vandaag: _____ **Tijd:** _____

Deadline voor het ontvangen van het antwoord:

_____

De aanpak: Oké, komt-ie: 'Goed, innerlijke gids, op deze vraag wil ik dus het antwoord krijgen. Je hebt 48 uur. Hou het kort.'

Aantekeningen:

_____

_____

_____

Iemand die zich omringt met feiten en niet openstaat voor verrassingen, intuïtieve inzichten, uitdagende hypotheses en risico's, zit in een gesloten cel. Domheid kan de geest niet beter afsluiten.

– Albert Einstein, Duits theoretisch natuurkundige

EXPERIMENT 6

HET SUPERHELDEN PRINCIPE:

JOUW GEDACHTEN EN BEWUSTZIJN BEÏNVLOEDEN MATERIE

De koers van de wereld wordt niet bepaald door natuurkundige wetten ... de geest heeft de macht om groepen atomen te beïnvloeden en zelfs te rommelen met het gedrag van atomen.
– Sir Arthur Stanley Eddington, Brits wiskundige en sterrenkundige

De premisse

De Japanse wetenschapper dr. Masaru Emoto deed 15 jaar onderzoek naar het effect van menselijke spraak, gedachten en emoties op fysieke materie. Dr. Emoto koos een van de vier traditionele stoffelijke elementen – water – en keek hoe het reageerde op woorden, muziek, gebeden en zegeningen. Emoto en zijn onderzoeksassistenten gebruikten meer dan 10.000 watermonsters, waar ze tegen praatten, muziek voor draaiden en monniken gebeden voor lieten voordragen. Vervolgens werden de monsters bevroren, waarna de ontstane ijskristallen onder een microscoop werden onderzocht.

Mocht je je afvragen waarom ik over water begin, wel, hierom: water is overal – zelfs in de lucht – en omdat het menselijk lichaam en, precies, de aarde voor 70 procent uit water bestaan, is het aannemelijk dat als woorden en gedachten effect hebben op water op zich, ze ook effect zullen hebben op grotere, complexere systemen die uit water bestaan.

Emoto ontdekte dat wanneer de wetenschappers 'vriendelijk' tegen water deden door er dingen als 'ik hou van je' en 'dankjewel' tegen te zeggen, de kristallen helder en prachtig van vorm werden. Maar toen Emoto en zijn team negatief deden tegen het water en gemene dingen riepen als 'ik haat je' of 'mafkees', vormden de kristallen donkere, lelijke gaten. Toen 'Heartbreak Hotel' van Elvis Presley werd gedraaid, spleet het kristal dat erna ontstond in tweeën.

Op één foto laat Emoto zien hoe een monster uit het Fujiwara-stuwmeer, dat eerst een donkere, vormloze klont was, compleet transformeerde nadat een priester er slechts een uur voor had gebeden. Het lelijke kristal veranderde in een doorzichtig, helderwit, zeshoekig kristal-in-een-kristal. Hij ontdekte ook dat gebeden nieuwe kristallen konden creëren, die nooit eerder waren gezien.

Wij in het Westen leren niet over energie en de macht van de combinatie lichaam/geest. In plaats van te leren luisteren naar onze aangeboren intelligentie, krijgen we te horen: 'Dit is een dokter. Dit is een verpleegster. Naar hen moet je luisteren als er iets mis is.' Coaches vertellen ons of we goed genoeg zijn om in het basketbalteam te mogen. Docenten vertellen ons of onze kunst aan de eisen voldoet. We leren onze macht over te dragen aan krachten buiten onszelf.

De kracht van perceptie

Mijn geest is een gevaarlijke buurt waar ik liever niet in mijn eentje kom.
– Anne Lamott, Amerikaans auteur

Toen ik op 17 februari 1956 was geboren, wierp mijn vader één blik op me, terwijl ik hulpeloos in mijn roze wiegje lag, waarna hij tegen mijn moeder verkondigde dat ik de lelijkste baby was die hij ooit had gezien. Mijn moeder was er uiteraard kapot van. En voor mij, een mens van een paar minuten oud, werd op dat moment besloten dat schoonheid – of het gebrek eraan – elk moment van mijn verdere leven zou bepalen.

Mijn vader werd tot die levensveranderende beschuldiging gebracht door mijn neus, die als een overreden buidelrat tegen mijn gezicht zat geplakt. Nadat mijn moeder achttien verschrikkelijke uren weeën had gehad, besloot de verloskundige in te grijpen met een koude, metalen tang. In mijn strijd met de tang was mijn neus platgedrukt.

De neus veerde geleidelijk terug tot normale proporties, maar mijn kwetsbare ego bleef gehavend. Ik wilde wanhopig graag mooi zijn. Ik wilde tegenover mijn vader bewijzen dat ik er acceptabel uitzag, en ik wilde de schaamte die mijn moeder door mij had gevoeld goedmaken.

Ik las alle beautybladen en bestudeerde fotomodellen zoals een bioloog cellen bestudeert. Ik rolde mijn haar om frisdrankblikjes en bestelde groene gezichtsmaskers en mee-eterverwijderaars van de achterkant van tijdschrift *Seventeen*. Ik spaarde mijn zakgeld op voor elektrische krullers. Ik droeg handschoenen in bed om te voorkomen dat de vaseline die ik op mijn handen smeerde vlekken op de lakens zou maken. Ik knipte zelfs 'interessante' kapsels uit de Montgomery Ward-catalogus* en plakte ze op de achterkant van mijn persoonlijke 'schoonheidsboek'.

In dit persoonlijke schoonheidsboek stonden, behalve de vijftig hoofden met verschillende kapsels, mijn doelen voor mijn uiterlijk: een twaalf centimeter smallere taille, een vijftien centimeter grotere boezem, langer haar, enzovoort. Ik had zelfs een pagina gemaakt met plannen om elk van deze doelen te halen. Om een smallere taille te krijgen, bijvoorbeeld, zou ik elke dag vijftig sit-ups doen, mijn pannenkoekenconsumptie tijdens het ontbijt terugbrengen naar twee en geen Milky Ways meer eten.

Al mijn goedbedoelde pogingen ten spijt bleef ik minder dan mooi. Wat ik ook probeerde, het lukte me niet het uiterlijk te krijgen dat ik wilde. Hoe kon dat ook? Mijn bestaan was gebaseerd op mijn vaders lelijke-baby-uitspraak. Het was de eerste zin over mijn leven, de mededeling waar mijn leven om draaide. Ertegenin gaan bracht alles wat ik kende aan het wankelen – mijn vader, mijn moeder, mezelf.

---

* Montgomery Ward is een Amerikaans warenhuis en postorderbedrijf. [vert.]

Het ging van kwaad tot erger. In de zesde klas werd mijn zicht minder en werd ik gedwongen een bril met een zwart, hoornen montuur te dragen. In de tweede klas van de middelbare school, net toen ik mijn vader eindelijk zover had gekregen in contactlenzen te investeren, waar mijn uiterlijk enorm van zou opknappen, veranderde mijn gezicht in een verbind-de-stippen-puzzel van puisten. Al het geld dat ik verdiende met oppassen ging naar Clearasil, puistenmiddeltjes en make-up van Angel Face. Tijdens een zomer waarin ik hoorde dat je pukkels kreeg van chocola en frisdrank, zwoer ik zelfs coca-cola en chocoladerepen af.

En alsof dat nog niet erg genoeg was, wees mijn zus, die het geluk had gehad te ontsnappen aan zowel de verlostang als de beschuldiging van lelijkheid, me erop dat mijn tanden scheef stonden. Opnieuw maakte ik aanspraak op het familiekapitaal, dit keer om een beugel te nemen.

Het treurige van al die pijn en moeite is dat het niets uithaalde. Ik wist niet dat ik 'lelijk' zou blijven totdat ik de diepgewortelde gedachten over mezelf zou veranderen. Ik had eindeloos door kunnen gaan met trainen, make-up opsmeren en mijn haar krullen, maar zolang mijn vaders beschuldiging het gedachtevirus bleef waarnaar ik handelde, zou ik altijd de 'lelijkste baby' zijn die hij ooit had gezien. Natuurlijk werd het soms tijdelijk beter. Mijn huid verbeterde, ik liet mijn haar groeien en mijn tanden rechtzetten, maar het duurde nooit lang voor er weer iets gebeurde wat de oude, vertrouwde 'lelijkheid' in ere herstelde.

Want, weet je, mijn lichaam kon niets anders doen dan zich voegen naar de blauwdruk die mijn gedachten het hadden gegeven.

In die tijd ontdekte ik zelfhulpboeken. Hoe kon het ook anders. Een eerstejaarsstudente die denkt dat ze op Frankenstein lijkt kan alles waar ze meer eigenwaarde van krijgt goed gebruiken.

Ik begon met *Niet Morgen, Maar Nu* van dr. Wayne Dyer. Ik las Barbara Walters' boek over hoe je een gesprek voert. Ik leerde hoe je vrienden maakt en mensen beïnvloedt, hoe ik mezelf kracht kon geven door positief te denken en hoe ik rijk kon worden door groot te denken. Door al dat lezen begon ik uiteindelijk anders over mezelf te denken. Ik ontdekte zelfs dingen die ik goed vond.

Zelfs wat betreft mijn uiterlijk. Ik was lang, om maar iets te noemen, wat betekende dat ik zo'n beetje alles kon eten wat ik wilde zonder aan te komen. En mijn dikke haar was een pluspunt. En de beste vriendin van mijn moeder zei dat mijn wenkbrauwen perfect gevormd waren. In plaats van naar de dingen die ik lelijk vond te kijken, concentreerde ik me steeds meer op wat ik mooi vond. Als bij toverslag ging ik er knapper uitzien. Toen ik de beperkende gedachten losliet, begon ik mijn eigen schoonheid te zien. Hoe minder ik die arme kleine ogen in de spiegel strafte, hoe meer ik veranderde. Hoe minder ik mezelf *probeerde* te veranderen, hoe meer ik veranderde.

Wonderlijk genoeg werd mijn zicht weer normaal. Ik kon eindelijk mijn bril met jampotglazen en de contactlenzen weggooien. Mijn lelijke huid werd gaaf en mijn tanden gingen, nadat ik maanden een beugel had gedragen, eindelijk lijken op de gelijkmatige gebitten van mijn familieleden. Eigenlijk voelde ik me alleen nog verschrikkelijk lelijk als ik bij mijn vader en zijn tweede vrouw op bezoek was.

Hoewel ik het me destijds niet realiseerde, veranderde ik mijn 'uiterlijk' tijdens die bezoekjes om te voldoen aan hoe mijn vader over mij dacht – of liever gezegd aan hoe ik dácht dat hij over me dacht. Inmiddels weet ik dat mijn vaders kritiek gewoon een ondoordachte opmerking was geweest, hij had het niet kwaad bedoeld.

Maar omdat ik dat vroeger niet wist, nam ik zijn lelijke-baby-opmerking serieus en ging ik ernaar leven, tot in de kleinste details.

Zelfs mijn slechte zicht, waarvan sommigen zullen zeggen dat het een genetische afwijking is, had ik helemaal zelf gecreëerd. Niemand anders in ons gezin (we zijn met z'n vijven) heeft ooit een bril gehad. Alle anderen hadden een normaal, 20/20-zicht. En niemand in mijn familie droeg een beugel. Ze hadden allemaal perfecte tanden.

Anekdotisch bewijs

> *Van nu af aan jammer ik niet meer, ik stel niet meer uit, ik heb niets meer nodig. Vanaf dit uur verklaar ik mezelf verlost van beperkingen en denkbeeldige grenzen.*
> – Walt Whitman, Amerikaans dichter

Ziek zijn is een keuze. Ik ben niet goed wijs dat ik deze paragraaf in mijn boek opneem. Het is je zeker wel opgevallen dat ik het midden in een lang hoofdstuk heb verstopt, aan het eind van het boek.

Niet dat je dit soort ideeën nooit eerder hebt gehoord – dat die en die kanker heeft gekregen door opgekropte woede of dat je haar door stress in één nacht grijs kan worden. Maar ik ga zo ver dat ik durf te beweren dat wij voor de gek worden gehouden door een arrogant, hebzuchtig medisch systeem, dat ons wijsmaakt dat ziekte onvermijdelijk is. Ik wil niets kwaads zeggen over dokters, verpleegkundigen of ander medisch personeel, van wie 99,9 procent behulpzaam, toegewijd en welwillend is. Alleen worden zij net zo goed bedrogen als wij.

Wat ik wil zeggen is dat onze foutieve denkwijze heeft geresulteerd in grote 'systeemfouten'. In plaats van ziekte als een probleem te zien, en dus iets wat opgelost kan worden, accepteren we het als iets wat bij het leven hoort. We hebben allemaal ja gezegd tegen de ongefundeerde regel dat je niet onder ziekte uitkomt, dat het iets natuurlijks is. De meesten van ons kunnen zich een volmaakte gezondheid niet eens voorstellen.

Onze geest heeft dit onjuiste perceptiepatroon al lang geleden ingevoerd. Zodra de geest denkt dat het een bepaalde taak niet kan volbrengen (zoals een verstopte ader vrijmaken), vertelt hij het brein dat-ie het niet kan doen, en die geeft dat weer door aan de spieren. Dit 'virus' in ons bewustzijn beperkt ons vermogen om gebruik te maken van de enorme wijsheid van ons lichaam.

Maar ons geloof in de onvermijdelijkheid van een aftakelend lichaam lijkt alleen gerechtvaardigd omdat we al zo lang geloven dat dit de waarheid is. Dr. Alexis Carrel, Frans natuurkundige en Nobelprijswinnaar, heeft aangetoond dat cellen oneindig lang in leven kunnen worden gehouden. Zijn onderzoek bewees dat 'er geen enkele reden is dat cellen kapot moeten gaan. Nooit.'

'Er wordt ons geleerd dat we geen macht hebben, dat we niets weten', verklaart Meir Schneider, een man die zichzelf genas van blindheid, 'maar dat is niet waar. Alles wat we moeten weten ligt in ieder van ons besloten.'

Toen hij in 1954 werd geboren in Lviv, Oekraïne, was Schneider scheel en leed hij aan glaucoom en verschillende andere moeilijk uit te spreken oogaandoeningen. Hij had zo'n ernstige vorm van staar dat hij voor zijn zevende al vijf zware operaties moest doorstaan. Bij de laatste ging de lens in zijn oogbol kapot, en toen hij zeven jaar was werd hij wettelijk blind verklaard. Dat was dan de moderne geneeskunde.

Toen Schneider 17 was, ontmoette hij een jongen genaamd Isaac, die iets anders had te melden dan de dokters en chirurgen. Isaac, die een jaar jonger was, had het lef om tegen hem te zeggen: 'Als je wilt, kun je jezelf trainen om weer te zien.' Nog nooit had iemand zoveel vertrouwen gehad. Het enige wat Schneider tot dan toe had gehoord, was: 'Arm, zielig, blind joch.'

Meir Schneiders familie wilde, zoals elke andere goede, sympathieke familie, niet dat hij valse hoop zou krijgen. 'Tuurlijk, probeer die oefeningen maar', zeiden ze, 'maar realiseer je wel dat je blind bent.' Binnen een jaar, zoals Isaac al had voorspeld, begon Meir weer te zien – eerst niet zo veel, maar genoeg om te geloven dat die 16-jarige jongen misschien wel meer wist dan de dokters die hem hadden afgeschreven als blind en niet meer te opereren.

Uiteindelijk werd Schneiders zicht goed genoeg om te kunnen lezen, lopen, rennen en zelfs autorijden. Vandaag de dag is hij in het trotse bezit van een Californisch rijbewijs en een centrum voor zelfgenezing.

'Blinde mensen', zegt hij, 'worden blinder omdat men niet verwacht dat ze iets zien. Ze worden in een hokje gestopt.'
Bovendien kan hij niet begrijpen waarom een optimistisch idee de meeste mensen zo bizar in de oren klinkt.
Toen Barbra Streisand als jong meisje opgroeide in Brooklyn, werd ze verliefd op de film. Ze wilde niets liever dan een bevallige filmster worden. Helaas was haar moeder, weduwe, straatarm en had Barbra niet bepaald de kwaliteiten van Grace Kelly. Iedere redelijke loopbaancoach zou haar hebben aangemoedigd een ander levensdoel te kiezen.
'Je hebt tenslotte geen doorsneeneus en ... nou ja, hoe zeg ik het beleefd? Dat jij actrice wordt is net zo aannemelijk als dat Kareem Abdul-Jabbar jockey wil worden.'
Maar Barbra's intenties waren zo krachtig dat ik geloof dat ze de omstandigheden naar haar hand heeft gezet via de enige weg die binnen haar bereik lag – door een stem te laten horen die zo sterk was dat deze haar beroemd maakte op Broadway en uiteindelijk naar het witte doek bracht.
Rol gerust met je ogen en noem me maar gestoord, maar dit zijn de feiten: niemand anders in Barbra's familie kon zingen. Geen van hen had enig muzikaal talent.

Materie heeft niet de macht over jou – Jij hebt de macht over materie

We gaan nog liever kapot dan dat we veranderen. We sterven liever in angst dan dat we over de enorme drempel stappen en onze illusies opgeven.
– W.H. Auden, Anglo-Amerikaans dichter

Op zijn 22e scheurde Terry McBride een ruggenwervel toen hij in de bouw aan het werk was. Een jaar lang ging hij naar een chiropractor, hij probeerde een osteopaat en slikte spierverslappers, en toen besloot hij het advies van een orthopedisch chirurg op te volgen die vond dat hij zijn ruggengraat moest laten vastzetten.

'Ik zou een paar weken in het ziekenhuis moeten blijven, dan een paar weken thuis herstellen, dan zou ik zes maanden een korset moeten dragen, en dan zou ik zo goed als nieuw zijn', vertelde McBride eens tijdens een lezing waar ik bij was.

Twee dagen na de operatie kreeg hij gevaarlijk hoge koorts. Hij werd met spoed terug naar het ziekenhuis gebracht, waar de artsen ontdekten dat hij tijdens de operatie de *E. coli*-bacterie had opgelopen. Het jaar erna moest hij acht keer onder het mes om de infectie, die zich steeds verder verspreidde, de baas te worden. Bij de vijfde operatie werd hij overgeplaatst naar het academisch ziekenhuis van de Washington University waar, zoals hij zegt, 'ik een soort beroemdheid was. Ik had de ergste vorm van osteomyelitis die ze ooit hadden gezien.'

De avond voor de zoveelste operatie kwam het artsenteam somber zijn kamer binnen. Ze hadden eindelijk nauwkeurige röntgenfoto's gekregen, waarop te zien was dat de infectie niet meer alleen in zijn ruggengraat zat, maar was uitgebreid naar zijn bekken, onderbuik en beide benen. Om er vanaf te komen zouden ze hem van top tot teen moeten opensnijden. Ze zeiden dat hij met deze procedure vrijwel gegarandeerd van de infectie zou afkomen. Maar ze garandeerden ook dat hij zijn rechterbeen nooit meer zou kunnen gebruiken.

'Nu heb ik heel toevallig les gehad van een van de grootste metafysici – John Wayne – en als iemand in een film tegen The

EXPERIMENT 6   HET SUPERHELDEN PRINCIPE

Duke zei dat zijn been eraf moest, antwoordde die: "Oké, wat moet, dat moet"', vertelde McBride. Maar toen zei de arts dat als de infectie zo erg was als ze dachten, hij ook zijn linkervoet en de controle over zijn blaas en darmen kon verliezen, en er was een grote kans dat hij impotent zou worden.

'Als ik eerlijk ben', zegt McBride, 'maakten ze daarmee een grote fout.

Ik weet niet hoe het met jullie zit, maar ik ben ter wereld gekomen als een klein, blij ventje, dat van zichzelf hield. Maar ik ontdekte al snel dat mensen met autoriteit meer van mij wisten dan ikzelf. Ik leerde dat ik moest opletten en dat de leraren bepaalden hoe goed ik het op school deed. En de coaches bepaalden of ik sportief was aangelegd. Ik leerde al vroeg om naar dingen buiten mijzelf te kijken om te ontdekken wie ik was.

Een been had ik ze misschien nog wel gegeven', ging McBride verder, 'maar zodra die artsen begonnen te beweren dat het onmogelijk was om zonder kleerscheuren uit die operatie te komen, besloot ik dat niemand mij ooit nog zou vertellen wie ik was. Die avond besloot ik dat ik mijn lot niet langer zou laten bepalen door mensen met mooie naamplaatjes.'

Het was de avond die zijn leven veranderde. McBride, die zich in de spirituele principes had verdiept, verklaarde tegenover de hele kamer (een team van vijf artsen, zijn vrouw en zijn twee jaar oude dochter) dat er een kracht in de kosmos was en dat hij die zou gebruiken om weer heel en vrij te worden.

Eerst reageerde iedereen nog met 'Goed van je! Geloof in je dromen!' als hij zulke dingen zei, maar na tien operaties vonden mensen vooral dat hij 'de realiteit onder ogen moest zien' en dat hij moest ophouden zich vast te houden aan zijn onbe-

nullige, egocentrische, persoonlijke prioriteiten.
'En dan heb ik het over onbenullige, egocentrische, persoonlijke prioriteiten als een gezond lichaam, een rug die sterk genoeg was om mijn dochter te kunnen optillen, onbenullige, egocentrische prioriteiten als mijn behoeften kunnen doen zonder plastic zakje', zei hij. 'Er waren mensen die zeiden dat een goede gezondheid misschien wel niet bij Gods plan hoorde. Zelfs als rechtgeaarde fundamentalist kon ik niet geloven dat ik achttien operaties verdiende. Misschien had ik genoeg zonden begaan voor vier of vijf, maar geen achttien', legde McBride uit.

Hij werd naar de psychiater van het ziekenhuis gestuurd, en die zei tegen hem: 'Jongen, het wordt tijd dat je je roze bril afzet. Jij denkt dat je op twee benen moet kunnen staan om een man te zijn, dat je net als je vader in de oorlog moet vechten, maar het wordt tijd dat je met mij gaat meewerken, dat je leert accepteren dat je de rest van je leven in een rolstoel moet zitten.'

Hij liet hem zijn medisch dossier zien, waarin duidelijk stond: 'Terry McBride's problemen zijn niet te genezen. Hij zal voorgoed invalide worden en de rest van zijn leven operaties nodig hebben.'

'Maar ik ben niet mijn medisch dossier', zei McBride. 'Ik ben niet mijn verleden. In mij schuilt een kracht. Ik leef in een spiritueel universum en de spirituele wetten kunnen mij bevrijden.'

'Denk je niet dat je lichaam inmiddels wel genezen zou zijn als dat de bedoeling was?' vroeg de psychiater.

Maar McBride weigerde op te geven. In de elf jaar die volgden onderging hij nog dertig grote operaties, en hij kreeg een stoma. Al die tijd hield hij vol dat gezondheid en heelheid zijn spirituele bestemming waren.

Uiteindelijk, lang nadat de meesten van ons al zouden hebben opgegeven, liep hij heel en vrij, als een sterke, jonge kerel het ziekenhuis uit. Tegenwoordig reist hij het land door om mensen te vertellen over zijn proces en hun de waarheid te leren over hun goddelijke geluk.

Hij zegt het zo: 'We zijn al vrij. De oneindige macht van God zal ons geloof in ziekte en gebrek ondersteunen als dat is waar we voor kiezen. Maar we kunnen ook gaan geloven in gezondheid, liefde, vreugde en vrede. Het wordt tijd dat we onze eenheid met God gaan opeisen, en zonder vrees ons leven binnenstappen. Jij bent God en dat is de waarheid die je zal bevrijden.'

De methode

> *Het zelf kent geen beperkingen, op die waarin je gelooft na.*
>
> – Seth, leraar zonder lichaam die wordt gechanneld door Jane Roberts

Aangezien we geen gebruik kunnen maken van de microscopen van Masaru Emoto en zijn onderzoeksassistenten, gaan we materie beïnvloeden in een experiment dat je misschien ook weleens op de basisschool hebt gedaan – sperziebonen kiemen. Dr. Larry Dossey heeft in meerdere boeken over bidden tot in detail nauwkeurig medische onderzoeken beschreven die aantonen dat het streven naar een bepaald fysiek resultaat invloed heeft op alles, van roggezaadjes tot vrouwen met borstkanker. Maar goed, wij zijn beginners, dus we gaan eerst maar eens met sperziebonen aan de slag.

Benodigdheden:

- ☐ Kartonnen eierdoos
- ☐ Potgrond
- ☐ Sperziebonenzaadjes

Instructies: plant twee boontjes in elk kuiltje van de eierdoos, en zet die bij een raam. Geef de plantjes om de paar dagen water. Doe bewust de volgende intentie: *Met de energie die van nature in mij is wens ik dat de bonen aan de linkerkant van de eierdoos sneller groeien dan die aan de rechterkant.*
Schrijf de komende zeven dagen je bevindingen op. *Voilà* – als het goed is heb je aan het eind van de week bewijs dat jouw intentie zich heeft gemanifesteerd.
In de tussentijd kun je experimenteren met iets wat wetenschappers *toegepaste kinesiologie* noemen. Dat klinkt misschien ingewikkeld, maar eigenlijk is het gewoon een basismethode om te testen hoe je lichaam reageert op positieve en negatieve stellingen, die je hardop uitspreekt. Dr. John Goodheart begon in de jaren zestig van de vorige eeuw als eerste te experimenteren met toegepaste kinesiologie toen hij ontdekte dat spieren acuut verslapten zodra het lichaam werd blootgesteld aan schadelijke stoffen, en sterk werden zodra er iets geneeskrachtigs in de buurt was. Een decennium later ontdekte dr. John Diamond dat spieren ook reageren op emotionele en intellectuele prikkels.

Maak twee ringen door de duim en middelvinger van je beide handen tegen elkaar te leggen. Haak de ringen nu door elkaar. Trek zo hard met de vingers van je rechterhand aan die van je linkerhand, dat de ring het net houdt. Voel goed hoe dat voelt. Zeg nu hardop je naam: 'Ik heet _____.' Blijf ondertussen even hard trekken. Er even van uitgaand dat je niet jokt over je naam, zul je tijdens deze uitspraak waarschijnlijk merken dat de cirkel sterk en intact blijft.

Zeg nu: 'Ik heet Julia Roberts.' Ook als je evenveel kracht gebruikt als hiervoor, zullen je vingers nu losschieten.

Probeer verschillende juiste en onjuiste uitspraken uit, tot je duidelijk hebt gemerkt dat het klopt. Als de cirkel het houdt, betekent dat dat de reactie positief is; als het de vingers van je rechterhand lukt om de cirkel van je linkerhand te breken, is het antwoord 'echt niet'.

Dit is niet alleen een handige manier om je lichaam om advies te vragen, maar je kunt zo ook goed testen hoe je lichaam reageert op verschillende uitspraken, zoals:

- 'Ik ben een enorme sukkel.'
- 'Ik ben liefdevol, gepassioneerd, in balans en gelukkig.'
- 'Ik haat mijn lichaam.'
- 'Ik ben sterk en machtig.'

Onderzoeksverslag

Het principe: Het Superhelden Principe

De theorie: Jouw gedachten en bewustzijn beïnvloeden materie.

De vraag: Is het mogelijk om de fysieke wereld te beïnvloeden met mijn aandacht?

De hypothese: Als ik mijn aandacht op een rijtje kiemende sperziebonen richt, kan ik ervoor zorgen dat ze sneller groeien.

Benodigde tijd: Zeven dagen.

Datum van vandaag: _____ **Tijd:** _____

De aanpak: Ik ga mijn aandacht richten op een rijtje sperziebonen. Ik ga de kiemen positieve energie sturen en ik verwacht dat ze daardoor beïnvloed worden.

Aantekeningen:
_____
_____
_____

▫ ▫ ▫

> *Mensen moeten beseffen dat hun gedachten belangrijker zijn dan hun genen, omdat de omstandigheden, die door je gedachten worden beïnvloed, bepalen wat de genen doen.*
> – Dr. Bruce Lipton, Amerikaans celbioloog

EXPERIMENT 7

HET JENNY CRAIG PRINCIPE:

JOUW GEDACHTEN EN BEWUSTZIJN GEVEN JE FYSIEKE LICHAAM INSTRUCTIES

Je lichaam is simpelweg een levende uiting van jouw kijk op de wereld.
– Carl Frederick, auteur van *Est Playing The Game: the New Way*

De premisse

De omgeving waarin je leeft reageert op je gedachten en emoties. Om dit op een duidelijk waarneembare manier te bewijzen, ga je je weegschaal gebruiken. Juist, dit is het experiment waarbij je je lichaam ter beschikking stelt aan de wetenschap. Geen zorgen, het is maar voor drie dagen. En het resultaat is iets waar 90 procent van ons, althans volgens een onderzoek van de Cornell University, toch al hard zijn best voor doet: je valt af. En voor die twee, drie geluksvogels die juist graag willen aankomen: jullie kunnen je verheugen op meer vitaliteit en een betere gezondheid.

Voedsel is, net als alles in de wereld, een bron van energie, en door het in je voordeel te gebruiken in plaats van ertegen te vechten (zoals de meesten van ons doen omdat we zo gericht zijn op afvallen), kun je zomaar, zonder iets te veranderen, een pond of twee kwijtraken.

De specifieke premisse voor dit experiment is dat de energie die je voeding levert wordt beïnvloed door wat je zegt en denkt. Wat er op je bord ligt zijn geen onveranderlijke klompjes voedingsstoffen, maar eerder stukjes dynamische energie, die precies weten wat je intenties zijn. En hoewel voedingsdeskundigen onze gedachten niet kunnen meten om ze op voedseletiketten te zetten, zouden ze dat eigenlijk moeten doen om nauwkeurig te kunnen beoordelen wat een blik varkensvlees en bonen of pasta precies voor je gezondheid doet. Je krijgt de energie van je gedachten net zo goed binnen als calcium en vitamine D.

Als je hem nog niet hebt gezien, bekijk dan eens de documentaire *I Am* van Tom Shadyac. De hele film is geweldig, maar in het kader van dit experiment moet je vooral goed opletten bij de scène waarin Shadyac, een beroemd Hollywood-regisseur, langsgaat bij het Institute of HeartMath, een non-profitorganisatie die onderzoek doet naar stress en menselijke energie. Eerst bevestigt Rollin McCraty, onderzoeksleider van het instituut, elektroden aan een kom yoghurt.

Hoewel yoghurt over het algemeen wordt gezien als een passief, bewegingloos goedje, laat McCraty door middel van de elektroden zien dat het wel degelijk reageert op Shadyacs gedachten en emoties. Zo zwaaide de naald van de bioresponsmeter wild heen en weer toen hij vragen over een eerder huwelijk kreeg. En de meter sloeg op tilt toen hij het over zijn advocaat kreeg, met wie hij, zo bevestigde hij, een onopgelost geschil had. De yoghurt kon zijn emoties lezen, ook al was die op geen enkele manier met Shadyac verbonden. Toen hij zijn aandacht terugbracht naar het nu, naar de kamer, kwam de naald tot stilstand.

'Hoe het precies werkt weten we niet, maar we hebben onomstotelijk bewijs dat menselijke emoties werkelijk een energieveld creëren waar andere levende systemen op reageren', zegt McCraty.

Denk daar maar eens over na. Hoe vaak heb jij wel niet iets gezegd of gedacht dat lijkt op:

☐ Afvallen is heel moeilijk voor mij.
☐ Ik hoef maar naar een stuk chocoladetaart te kijken en ik kom al aan.
☐ Ik heb een trage spijsvertering.

Deze gedachten zorgen er niet alleen voor dat je je waardeloos voelt, maar ze hebben ook een heel sterke invloed op je lichaam en op wat je erin stopt.

In de jaren zestig haalde Cleve Backster, een voormalig CIA-agent, de krant met zijn ontdekking dat planten de intenties van mensen merken. In 1966, na zijn pensioen, richtte Backster het leugendetectorbedrijf op dat nog steeds als grootste ter wereld wordt gezien. Toen hij op een avond in zijn kantoor in New York zat, besloot hij een galvanometer aan een kamerplant te bevestigen. Dat dat iets opleverde was domme mazzel, want hij deed het puur uit verveling. Wat hij ontdekte was dat de dracaena die zijn secretaresse voor de gezelligheid had neergezet niet alleen reageerde op fysieke schade (hij doopte de bladeren in hete koffie en verbrandde ze met een lucifer), maar ook op zijn gedachten en intenties. Hij was geschokt en had de neiging 'de straat op te rennen en tegen de hele wereld te schreeuwen dat planten kunnen denken!' In plaats daarvan stortte hij zich op een zorgvuldig onderzoek om vast te stellen hoe de plant precies op zijn gedachten reageerde.

Met geavanceerde polygrafische instrumenten lukte het hem te bewijzen dat planten – alle soorten planten – reageren op menselijke gedachten en emoties. Hij testte tientallen verschillende soorten, ook die wij mensen dagelijks eten. Hij ontdekte dat planten reageren op geluiden die het menselijk oor niet kan waarnemen en op golflengten als infrarood en ultraviolet, die onzichtbaar zijn voor mensen.

De Weense bioloog Raoul Francé, overleden in 1943, toen zulke complexe apparatuur nog niet bestond, had ook al gesuggereerd dat planten constant gebeurtenissen en fenomenen waarnemen en registeren waar mensen – gevangen in ons antropocentrische wereldbeeld – zich niet bewust van zijn.

Wat heeft dit met jouw weegschaal te maken? Van de 1000 kilo voeding die we jaarlijks gemiddeld tot ons nemen, is het grootste gedeelte afkomstig van planten. Vaak zo bewerkt dat je ze nauwelijks meer herkent, maar toch, een groot deel van ons voedsel begint als levende planten met het vermogen waar te nemen. De rest van ons eten komt van dieren, die – je voelt 'm al – hun energie ook uit planten halen. Dus vrijwel alle voedsel, drinken, alcoholische versnaperingen en geneesmiddelen die ons in leven houden zijn afkomstig van planten, die, zoals Backster en vele wetenschappers na hem hebben bewezen, onze gedachten kunnen lezen.

Snap je wat ik zeg?

Jouw gezondheid is gebaseerd op wat jij over jezelf, je lichaam en je eten denkt en zegt. Je fanatieke obsessie voor calorieën en grammen vet zou weleens het grootste obstakel tussen jou en je ideale gewicht kunnen zijn.

Voedselgevecht

Hoe meer iemand is geobsedeerd door slank worden, hoe zekerder het is dat diegene het nooit zal zijn.
– Augusten Burroughs, Amerikaans auteur

Diëten zijn de vijand. Je wordt er paranoïde, gestoord en dik van. Je hoeft geen raketgeleerde te zijn om te snappen dat diëten niet werken. Dus waarom blijven we onszelf kwellen en straffen omdat diëten dat van ons vragen, terwijl ze overduidelijk foute boel zijn? Bekijk het eens zo: als jij op je salaris zit te wachten en je baas zegt: 'Sorry, maar deze maand betalen we je niet', zou je dan gewoon voor hem blijven werken in de hoop dat hij ooit van gedachten verandert? De spelling van het woord *diet* zegt eigenlijk al genoeg. Wie wil er nu iets doen waar het woord *die*[*] in zit?

---

[*] Met *die* wordt hier uiteraard het Engelse woord voor 'sterven' bedoeld. [vert.]

Het volstaat te zeggen dat de meesten van ons een complexe relatie met eten hebben. Vraag maar aan de dieetindustrie, waar jaarlijks 60 miljard dollar in omgaat. In plaats van te genieten van dat geweldige, voedzame eten dat ons in leven houdt, zijn we er bang voor, haten we het en geven we het de schuld van het beeld dat we in de spiegel zien. Oké, wie roept er even *haat-liefdeverhouding*?

Zolang jij negatief over jezelf blijft denken en bezig bent met de *wens* gewicht te verliezen, is dat wat je krijgt: negativiteit en 'de staat van gewicht willen verliezen'.

Deze manier van denken werkt niet alleen tegen je, maar zorgt er ook voor dat je opgescheept blijft met het lichaam waar je nu in zit. Je lichaam is de barometer van je gedachtesysteem. Je cellen luisteren mee met alles wat je zegt en denkt, en als je neerbuigend commentaar op je zwabberende onderarmen hebt of constant aan die zwemband om je middel denkt, veranker je die gedachten in de spieren, organen en weefsels van je lichaam.

Het is misschien een schok voor je – vooral als je het grootste deel van de tijd stilletjes zit te mekkeren over je lelijke, door cellulitis geplaagde lichaam – maar de normale staat van je lichaam is gezond. Het kan genezen en het reguleert zichzelf zonder dat jij je daarmee hoeft te bemoeien. Maar als jij er constant mee bezig bent en als een bezetene calorieën telt, weerhoud je je lichaam ervan te veranderen.

Anekdotisch bewijs

> Ons lichaam is een wandelend kristal. Wij slaan elektromagnetische energie op. We kunnen elektromagnetische energie ontvangen, uitzenden en opslaan.
>
> – Dr. Norman Shealy, Amerikaans holistisch onderzoeksarts en neurochirurg

Toen Alan Finger, inmiddels een beroemd yogadocent, tiener was, verloor hij 45 kilo in – zit je stevig? – een maand tijd.

Zijn vader, Mani Finger, had in India gestudeerd en daar kennisgemaakt met een fantastisch ademhalingsprogramma uit de yoga, dat hij zijn veel te zware zoon leerde.

Toen deze de ademhalingsoefeningen, die een goede manier zijn om energie te sturen, een maand had gedaan, was hij 45 kilo kwijt.

Ik weet wat je denkt. Dat is onmogelijk, dat kan gewoon niet. Stop daar gelijk maar weer mee. Zulke gedachten, gedachten die spotten met de oneindigheid van wat er mogelijk is, zitten je alleen maar in de weg. Om je energie te veranderen, moet je je manier van denken veranderen. Het woord *onmogelijk* zou niet eens tot je vocabulaire moeten behoren.

Een vriendin van me deed al zo'n 30 jaar pogingen om af te vallen. Ze had alles geprobeerd, ook sporten en heel weinig eten. Niets hielp. Uiteindelijk ging ze naar iemand die gespecialiseerd was in Emotional Freedom Technique (EFT), al vond ze het moeilijk te geloven dat iets simpels als kloppen op de meridiaanpunten van het lichaam haar zou helpen de strijd tegen de kilo's, die ze al zo lang voerde, te winnen. Maar ze was ten einde raad. In een maand tijd, waarin haar vastzittende energie werd losgemaakt, verloor ze al die hardnekkige kilo's. Het is haar gelukt op gewicht te blijven en ze ziet er nog steeds fantastisch uit.

En als je bedenkt dat Alan Finger 45 kilo afviel in een miezerige maand (je kunt erover lezen in het boek *Ademtocht*, dat hij samen met mede-yogadocent Katrina Repka schreef), wat heb je dan te verliezen als je gelooft dat het wél kan?

Ik kan je het boek *De biologie van de overtuiging* van Bruce Lipton ook erg aanraden. Hij is celbioloog en gaf les aan de Stanford University. Hij ontdekte dat, in tegenstelling tot wat wij allemaal geloven, ons lichaam meer wordt beïnvloed door energie en onze gedachten dan door ons DNA.

Lipton beschrijft het opmerkelijke verhaal van een groep patiënten met knieproblemen. De eerste groep onderging een ingewikkelde knieoperatie. De tweede groep geloofde dat zij diezelfde knieoperatie hadden ondergaan. Maar de arts die het onderzoek leidde had bij de tweede groep wel sneetjes in de knieën gemaakt, maar deze niet daadwerkelijk geopereerd. Er was dus niets veranderd aan hun knieën. Toch genazen beide groepen. Beide groepen konden al snel weer lopen en basketballen en alles doen wat ze voor hun knieblessure ook konden.

Dat was dus een behoorlijk sterk placebo-effect, dat zou moeten bewijzen dat jij jezelf moet zien als slank en prachtig, en dat je moet stoppen met negatief denken. Alles in je leven wat je aandacht geeft, groeit, zoals Experiment 5 al liet zien. Als je je aandacht richt op dik zijn en diëten, wordt die 'realiteit' dus groter in je leven.

De methode

> *Het leven zelf is de beste braspartij.*
> – Julia Child, Amerikaans auteur, kok en tv-persoonlijkheid

In dit experiment ga je stoppen met het eeuwige geruzie met het eten dat je in je mond stopt. Je gaat elk stukje eten dat erin gaat beschouwen als je beste vriend, of op zijn minst als een enorm voedzame kennis.

Thomas Hanna, die met energie werkt, zegt dat als we naar iemands lichaam kijken, we het proces van de geest van de persoon in werking zien. Als we aankomen, komt dat meer door wat we over onszelf denken dan door de bananenroomtaart waar we geen nee tegen kunnen zeggen.

Om te beginnen ga je bij dit experiment dus stoppen met negatieve dingen zeggen over je lichaam. Misschien zul je merken dat dat moeilijk is. Zeg elke keer als je een minachtende opmerking maakt het tegenovergestelde – als je het niet hardop doet, dan toch op zijn minst stilletjes in jezelf. Een voorbeeld: je beste vriendin belt en zonder erbij na te denken flap je eruit: 'Gisteren heb ik in de bioscoop een hele zak popcorn met boter opgegeten, ik ben vast wel drie kilo aangekomen.' Die opmerking kun je ongedaan maken door te zeggen: 'Hoewel, toen Antonio Banderas zijn shirt uittrok heb ik de halve zak laten vallen, volgens mij lijk ik zelfs dunner.' (Je hoeft niet bescheiden te zijn, je mag best zeggen dat je een lekker ding bent!)

Voedsel zit vol gelukkig makende energie, en eten zou een puur positieve ervaring moeten zijn. Maar we zijn op dit gebied zo de weg kwijt geraakt, dat dit experiment voor de meeste mensen weleens het moeilijkst van allemaal kan zijn. Omdat schuldgevoel over eten zo in ons systeem zit, voelt dit vast heel onnatuurlijk. Misschien vergt het wat oefening. Het kan zelfs zijn dat je het experiment nog een keer moet doen, als je merkt dat oude patronen er weer insluipen, als je je ineens toch weer afvraagt hoeveel calorieën en gram vet je op het punt staat te consumeren. Daarom duurt dit experiment 72 uur in plaats van de 48 uur van de meeste andere experimenten.

Wat we willen bewijzen is dat je gedachten en energie een voortdurende dans uitvoeren met de wereld om je heen.

Weet je nog dat er vroeger werd gebeden voor het eten? Mijn familie deed dat altijd, zelfs in restaurants, wat ik vreselijk gênant vond toen ik op de middelbare school zat. Nu weet ik dat die gebeden positieve energie en goede gedachten in het eten stoppen – niet dat we ons daar altijd van bewust zijn. Maar ik moet zeggen dat niemand in mijn familie ooit noemenswaardige gewichtsproblemen heeft gehad.

Dus ga je tijdens dit experiment het volgende doen:

1. Zeg geen slechte dingen over je lichaam. Houd je zo mogelijk verre van alles wat negatief is.
2. Stuur naar alles wat je in je mond stopt eerst liefdevolle gedachten, leg je handen eroverheen en geef het je zegen.
3. Stop in alles wat je eet bewust liefde, vreugde en vrede.

Dat is alles. Weeg jezelf op de dag dat je begint en drie dagen later weer.

Onderzoeksverslag

Het principe: Het Jenny Craig Principe

De theorie: Jouw gedachten en bewustzijn geven je fysieke lichaam instructies.

De vraag: Beïnvloedt wat ik denk mijn omgeving – en in het bijzonder het eten dat ik in mijn mond stop?

De hypothese: Als mijn gedachten en bewustzijn een voortdurende dans uitvoeren met mijn omgeving, kan het niet anders dan dat het voedsel dat ik eet wordt beïnvloed door mijn gedachten. Door te veranderen wat ik over mijn eten denk en wat ik ertegen zeg, word ik gezonder en verlies ik, omwille van dit experiment, op zijn minst een pond.

Benodigde tijd: 72 uur

Datum van vandaag: _____

Mijn gewicht toen ik 's ochtends opstond: _____

Mijn gewicht toen ik 's ochtends opstond, drie dagen later:

_____

De aanpak: Verander helemaal niets aan wat je normaal eet. In feite zou wat je eet totaal niet van belang moeten zijn zolang dit experiment loopt. Stuur echter alles wat je de komende dagen eet, of het nu je gebakken eitje bij het ontbijt is of het stuk taart van je jarige collega in de middag, bewust en met aandacht positieve, liefdevolle gedachten voordat je het opeet. Bedank het omdat het je voedt en verwacht dat het bijdraagt aan de verbetering van je lichaam.

Aantekeningen:

_____
_____
_____

◼ ◻ ◻

Schoonheid creëer je met je geest.
– Augusten Burroughs, Amerikaans auteur

EXPERIMENT 8

HET 101 DALMATIËRS PRINCIPE:

JE BENT VERBONDEN MET ALLES EN IEDEREEN IN HET UNIVERSUM

Ik ben omdat wij zijn.
– Principe van de Zuid-Afrikaanse filosofie die bekendstaat als Ubuntu

De premisse

Met dit experiment ga je aantonen dat je door middel van een 'onzichtbaar' veld van intelligentie en energie bent verbonden met alles en iedereen. In kwantumtaal wordt dit rasterwerk van verbindingen *non-lokaliteit* genoemd.
En hoewel het een van de belangrijkste concepten van de

kwantummechanica is, heeft non-lokaliteit, net als zijn broertje verstrengeling, de afgelopen 300 jaar voor heel wat verwarring gezorgd, om te beginnen met Isaac Newton, die wat hij noemde 'actie op afstand' belachelijk vond (ondanks het feit dat zijn eigen zwaartekrachttheorie net zo'n soort fenomeen veronderstelde). Kort gezegd betekent non-lokaliteit dat twee deeltjes zich synchroon gedragen zonder tussenschakel.

Dat klinkt belachelijk, toch? Als je, laten we zeggen, een schoen die midden op de vloer rondslingert wilt verplaatsen, moet je de schoen aanraken, of je moet een bezem aanraken die de schoen aanraakt, of je moet je kind van vijf, die de schoen daar heeft laten liggen, door middel van trillingen die door de lucht naar zijn oor gaan opdragen hem op te rapen. Dingen kunnen alleen invloed hebben op dingen die in de directe nabijheid zijn. Er moet een opeenvolging zijn, een reeks van gebeurtenissen. Wij geloven dat we alleen dingen kunnen veranderen als we ze kunnen aanraken.

Maar zo is het niet. We hebben nu een aantoonbaar nauwkeuriger model tot onze beschikking dat aantoont dat een object een ander object kan beïnvloeden zonder dat dat tweede object ook maar ergens in de buurt is. Helaas houden de meesten van ons nog steeds hardnekkig vast aan het ouderwetse wereldbeeld van 'een reeks van gebeurtenissen', ook al hebben natuurkundigen keer op keer gedemonstreerd dat zodra een atoom in de buurt van een ander atoom is geweest, het door dat andere atoom wordt beïnvloed (of ermee verstrengeld raakt), hoe ver het er ook weer vandaan beweegt. Zelfs Einstein kon zich er niet toe zetten dit onlogische idee helemaal te omarmen. Nog veel raadselachtiger is het dat wanneer de atomen eenmaal een wisselwerking hebben gehad, ze voor eeuwig verstrengeld blijven.

Het is zelfs bewezen dat non-lokaliteit en verstrengeling ook bij grotere dingen – zoals mensen – werken. In 1978 koppelde dr. Jacobo Grinberg-Zylberbaum van de National Autonomous University of Mexico (en het onderzoek is later herhaald in Londen door neuropsychiater Peter Fenwick) twee testpersonen in aparte kamers aan elektro-encefalografische meetapparatuur. Het patroon van de hersengolven dat door een serie knipperlichten in de ogen van de ene testpersoon werd veroorzaakt, zag er precies hetzelfde uit als dat in het eeg van de andere testpersoon, ook al was deze niet eens in de buurt van het knipperlicht.

Ook al kunnen onze newtoniaanse hersenen helemaal niets met non-lokaliteit, we kunnen deze best in ons voordeel gebruiken. Zoals je computer via internet is verbonden met een oneindige hoeveelheid informatie, ben jij – omdat je het geluk hebt een mens te zijn – verbonden met ieder ander op de wereld.

Soms als ik met iemand in een ander deel van de wereld wil communiceren, fluister ik mijn bericht tegen de enorme eik in mijn voortuin. Ik hoef je niet te vertellen dat bomen, net als de honden in *101 Dalmatiërs*, met elkaar verbonden zijn, en volgens het idee van non-lokaliteit kan de eik prima berichten doorsturen naar de palmboom in de tuin van een vriendin in Californië.

In dit experiment ga jij non-lokaliteit gebruiken om een bericht te sturen naar iemand die ver weg is, iemand die je niet zult zien of spreken.

That synching feeling*

Het gaat allemaal om liefde en dat wij allen verbonden zijn.
– Mark Wahlberg, Amerikaans acteur

Toen mijn dochter in de brugklas zat, begon ze op elke vraag hetzelfde antwoord te geven – 222. Als iemand haar vroeg hoe laat het was, zei ze 2:22. Ook als het 5:43 was. Als iemand vroeg hoeveel een pakje melk in de schoolkantine kostte, antwoordde ze 2,22 dollar. Haar vriendinnen vonden dit reuze grappig en begonnen haar elke middag om precies 2:22 te bellen. Ze richtte zelfs een Facebook-pagina op die ze 'De ongelooflijke geweldigheid van 222' noemde. Zoals ik al zei, ze zat in de brugklas. Die zomer gingen we twee keer op reis. Tijdens beide reizen kwamen we, zonder dat ik me ermee bemoeide of het had gepland, op hotelkamer 222 terecht – één keer in Seattle nadat we onze aansluiting naar Juneau hadden gemist; de andere keer in het Langham Hotel in Londen, dat tegenover het hoofdkantoor van de BBC staat.

De Zwitserse psychiater Carl Jung noemde dergelijke gebeurtenissen *synchroniciteit*: 'het simultaan plaatsvinden van twee betekenisvolle maar niet causaal verbonden gebeurtenissen'. Sommige mensen zien dergelijke toevalligheden als grappige onregelmatigheden, uitgespuugd door de willekeurige-gebeurtenissen-generator, en betwisten dat het simpelweg onvermijdelijk is dat gebeurtenissen uit Kolom A uiteindelijk

---

* Woordspeling naar aanleiding van *That Sinking Feeling*, een Amerikaanse comedyfilm uit 1980. In dit geval betekent het zoveel als: 'Dat gelijktijdige gevoel'. [vert.]

overeen zullen komen met die uit Kolom B.

Tijdens dit experiment sta je jezelf toe te veronderstellen dat synchronistische gebeurtenissen niet het resultaat zijn van de wet van de gemiddelden of van je verbeelding, maar duidelijk het product van non-lokaliteit en verstrengeling.

In zijn boek *Prometheus Rising* beweert Robert Anton Wilson zelfs dat alleen al 'het nadenken over deze kwestie jungiaanse synchroniciteiten uitlokt. Kijk maar eens hoe snel je na het lezen van dit hoofdstuk wordt geconfronteerd met een wonderlijk toeval.' Heb jij hier een goed verhaal over, stuur het me dan via mijn website: www.pamgrout.com.

Wat Wilson graag benadrukte, is dat het materiaal van het universum zich niets aantrekt van de regels van mensen. Laat hij de stelling van non-lokaliteit zoals die in de jaren zestig door theoreticus John S. Bell werd gepresenteerd maar eens uitleggen. Het was Bells inmiddels beroemde stelling die tot experimenten leidde die de non-lokale kwamtumaard van de wereld overtuigend aantoonden:

De stelling van Bell is behoorlijk technisch, maar in gewone taal komt het neer op ... dit: Er zijn geen afzonderlijke systemen; elk deeltje in het universum communiceert 'ogenblikkelijk' (sneller dan het licht) met elk ander deeltje. Het *Hele Systeem*, zelfs de delen die van elkaar gescheiden zijn door kosmische afstanden, functioneert als een *Heel Systeem*.

Na dit experiment zul je ontdekken dat synchroniciteit, een fenomeen dat mensen meestal schouderophalend afdoen met een 'Gôh! Wat een merkwaardig toeval', niets anders is dan experimenteel bewijs van de verbondenheid van alles.

Alles wat niet op liefde lijkt is list en bedrog

We kunnen ervan zeggen wat we willen, maar we kunnen het niet maken om dit bewijs te negeren.
– Dr. Larry Dossey, Amerikaans arts en auteur

In 1972, tijdens de jaarlijkse conventie van de American Association for the Advancement of Science*, introduceerde een meteoroloog met de naam Edward Lorenz een nieuwe term in de Amerikaanse taal. Het *butterfly effect* was zijn waarneming dat een schijnbaar onbeduidende gebeurtenis als het gefladder van de vleugels van een vlinder in Brazilië een orkaan kan veroorzaken in Texas. Met andere woorden: kleine, nauwelijks merkbare dingen kunnen grote, memorabele gevolgen hebben.

Het aardige van dit experiment is dat je het kunt gebruiken om voor liefde in je leven te zorgen. Je kunt het gebruiken om de wereld mooier te maken. Als je hartverwarmende gedachten over iemand hebt, lever je een positieve bijdrage aan zijn of haar energie. Veroordeel je anderen daarentegen, zelfs alleen in gedachten, dan beïnvloed je hun energie ook, en maak je de manier waarop jullie met elkaar omgaan moeilijker. Je kunt je wereld letterlijk lichter maken door liefde, zegeningen, vrede en andere emoties met een hoge frequentie naar de mensen in je leven te sturen.
Zoals in *Een Cursus in Wonderen* staat: 'Je wordt gezegend door elke liefdevolle gedachte van ieder van je broeders waar dan ook.'

---

* Amerikaans genootschap ter bevordering van de wetenschap. [vert.]

Er is een verhaal over een demonstrant die voor de Military School of America* stond, bij wijze van stil protest tegen het beleid en het tirannieke gedrag van de Verenigde Staten. Iemand vroeg hem: 'Hoezo denk je dat je, door een kaarsje vast te houden, enige invloed kunt uitoefenen op de regering? Ze gaan al tientallen jaren gewoon hun gang.'

Hij antwoordde: 'Ik ben er niet op uit hen te veranderen. Ik wil alleen niet dat mijn land *mij* verandert.'

Jouw gedachten over andere mensen veranderen *jou*.

Is het echt mogelijk dat wij, in deze wij-versus-zij-wereld, werkelijk één zijn, zoals dit energieprincipe stelt?

Grof gezegd: ja hoor. We zitten in hetzelfde schuitje. En elke keer als we iets minder aardigs over wie dan ook denken, of iemand veroordelen, kruisigen we onszelf. Dan brengen we onszelf schade toe.

We doen wel alsof ze gigantisch zijn, maar onze verschillen zijn oppervlakkig en onbelangrijk. En het wordt tijd dat we ze loslaten.

Als je iemand ontmoet, vergeet dan niet dat dat een heilige ontmoeting is. Zoals je hem ziet, zie je jezelf. Zoals je hem behandelt, behandel je jezelf. Zoals je over hem denkt, denk je over jezelf.

Je kunt je relatie met wie dan ook veranderen door de persoon simpelweg goede gedachten te sturen.

---

* De Amerikaanse legeropleiding. [vert.]

Anekdotisch bewijs

> *Alles wat we willen, of we nu honingbijen, ponderosa-pijnbomen, coyotes, mensen of sterren zijn, is dat we liefhebben en dat er van ons gehouden wordt, dat we geaccepteerd, gekoesterd en erkend worden, gewoon om wie we zijn. Is dat nou zo moeilijk?*
> – Derrick Jensen, Amerikaans auteur en milieuactivist

Een vriendin van me, laat ik haar Ginger noemen omdat ze niet echt zo heet, had jarenlang een moeizame relatie met haar moeder. Uiteindelijk besloot ze haar moeder elke avond voor het slapengaan zegeningen te sturen. Haar moeder had daar uiteraard geen idee van. Tot op de dag van vandaag heeft Ginger haar moeder niet verteld dat ze zes maanden lang elke avond een paar minuten visualiseerde dat zij alles kreeg wat ze zo graag wilde en zichzelf daar blij om zag zijn.
'Ik weet echt niet hoe het kan, maar onze relatie veranderde. Nu zijn we de beste vriendinnen', zegt Ginger.

Meer anekdotisch bewijs

> *Verken je eigen speelruimte. Benader compleet nieuwe continenten in je alsof je Columbus bent, open nieuwe kanalen, niet voor handel, maar voor het denken.*
> – Henry David Thoreau, Amerikaans schrijver en filosoof

Ooit was bestsellerauteur Martha Beck net zoals de meesten van ons: vriendelijk genoeg, goed van vertrouwen, maar nooit té. Ze was tenslotte wetenschapper, een socioloog die aan Harvard had gestudeerd en die feiten nodig had om wat voor conclusie dan ook te kunnen formuleren. En de conclusie die zij trok was dezelfde als waar we op de planeet Aarde bijna allemaal op uitkomen: mensen zijn oké, maar je moet er niet te veel mee te maken hebben. Vooral niet als je op Harvard zit en probeert af te studeren. Dan kun je mensen maar het beste een beetje op afstand houden.

Zoals ze het beschrijft in haar prachtige boek *In Verwachting van Adam*: 'We lopen rond alsof we Koningin Elizabeth zijn, geen kwaad woord over haar trouwens, we houden ons mottige tasje stevig vast, proberen ons zo keurig mogelijk te gedragen, laten nooit onze ware gevoelens zien en raken niemand aan, behalve dan via het leer van onze handschoenen.'

En toen haalde het leven een streek uit met Martha Beck. Het gaf haar een zoon met het syndroom van Down (Adam), die haar leerde dat er niets klopte van hoe zij de wereld zag. En vooral het gedeelte over het vertrouwen van anderen niet. Toen ze zwanger was van Adam reisde haar man, ook afgestudeerd aan Harvard, veel naar Azië, waardoor zij het vaak in haar eentje moest zien te redden met haar veeleisende opleiding, hun kind van twee en een moeilijke zwangerschap. Een brand, een dreigende miskraam en allerlei zwangerschapskwalen dreven haar tot wanhoop.

Zoals zij het zegt: 'Ik voelde me alsof iemand een lading grind boven op me had gegooid.'

Elke keer als ze op het punt stond in te storten, kwam er een engel (en dat bedoel ik niet metaforisch) of een vage kennis met lieve woorden, boodschappen of een andere vorm van hulp tevoorschijn. En zij was dus zo iemand die wel heel erg

 EXPERIMENT 8 HET 101 DALMATIÜRS PRINCIPE 193

ten einde raad moet zijn om in dit soort onzin te geloven. Ze ging God en alles wat daarop leek al heel lang uit de weg en zwoer bij onderwijs en 'de goede oude baconistische logica niets te geloven totdat was bewezen dat het waar is'.

En toch stond er op een ochtend dat zij bijna instortte ineens een vrouw die ze nauwelijks kende met boodschappen op haar stoep, en een onzichtbare kracht verscheen uit het niets en leidde haar en haar dochter uit hun met rook gevulde appartement voor het tot de grond toe afbrandde, en het lukte haar om haar man te zien en met hem te praten terwijl hij in Hongkong zat en zij in Boston. En nee, ik bedoel niet per telefoon.

Wat ze zich uiteindelijk realiseerde is dit: 'Al lijkt het niet zo, en al is er op deze akelige planeet genoeg dat het tegendeel laat zien, er is liefdevolle zorg in overvloed. En je kunt die altijd vinden als je slim genoeg bent en weet waar je die moet zoeken.' En zelfs als je niet slim genoeg bent, krijg je die zorg soms zomaar – vooral als je haar heel hard nodig hebt.

Beck zegt: 'Ik moet alle verdriet, alle angst, alle misverstanden en alle leugens uit de weg ruimen die staan tussen mijn bewuste verstand en hetgeen ik in mijn hart geloof dat waar is ... Ik heb mijn werkelijkheid van een rij betrouwbare feiten, smal, sterk en koud als een scheermes, uitgebreid tot een wilde chaos van mogelijkheden.'

De methode

Wat nu de paradoxen van de kwantumtheorie lijken, zal voor de kinderen van onze kinderen de normaalste zaak van de wereld zijn.
– Stephen Hawking, Brits theoretisch natuurkundige

In dit experiment ga je door middel van het concept non-lokaliteit een bericht sturen naar iemand die je kent. Volgens Laura Day, auteur van *Durf te vertrouwen op je gevoel*, is dat net zo makkelijk als een e-mail sturen.

Het aardige van dit experiment is dat je er niet eens voor uit je luie stoel hoeft te komen. Het grootste deel van je interactie met andere mensen vindt plaats in het niet-fysieke gebied. Al die gedachten waarvan je denkt dat je ze lekker voor jezelf kunt houden ... die zijn niet echt privé. Aangezien we allemaal met elkaar verbonden zijn, kun je ze net zo goed over de intercom brullen. Op een subtiele manier krijgt iedereen je boodschap toch wel.

We zijn allemaal verbonden met een gigantische databank en we wisselen voortdurend energie uit met iedereen in ons netwerk, en op kleinere schaal met ieder ander wezen op deze planeet.

Vergeet therapie. Je kunt een hoop geld besparen door simpelweg de dialoog in je brein te veranderen.

Maar pas wel op waar je om vraagt. Sondra Ray, medeoprichter van Loving Relationship Training en voorheen mijn lerares, heeft een grappig verhaal over communiceren via de onzichtbare energiedatabank. Ze ging naar Leonard Orr, ook een leraar van mij, om erachter te komen waarom ze haar auto telkens weer molde. Hij zei dat ze een andere intentie moest maken, in de vorm van een affirmatie. Ze lachte spottend en zei: 'Wil je zeggen dat een simpele intentie er zelfs voor kan zorgen dat mannen mij bellen?'

'Natuurlijk', zei hij. 'Probeer maar.'

Ze stuurde de volgende intentie naar het VM: 'Vanaf nu word ik overspoeld door telefoontjes van mannen.' Binnen vier dagen hadden al haar ex-vriendjes gebeld, sommige had ze al maanden niet gezien, sommige jaren.

'Het klinkt krankzinnig', zegt ze, 'maar ik werd zelfs 's nachts gebeld, door mannen die ik niet kende en die het verkeerde nummer hadden gedraaid.' Uiteraard heeft ze de intentie veranderd in een waar ze wel iets aan had.

Dit zijn de stappen:

1. Kies een ontvanger. Hoewel het absoluut mogelijk is om vrijwel iedereen die je kunt bedenken een boodschap te sturen, stel ik voor dat je iemand kiest die je hebt ontmoet. Bruce Rosenblum, natuurkundeprofessor aan de University of California-Santa Cruz, beweert dat als je iemand eenmaal hebt ontmoet en de hand hebt geschud, jullie voor altijd verstrengeld zijn.
2. Bepaal wat voor soort reactie je wilt. Hoe specifieker je bent, hoe beter. Wees heel duidelijk over wat je bedoeling is. Bij mijn laatste experiment stuurde ik een bericht naar mijn partner Jim: 'Neem een brood mee als je naar huis komt.'
3. Zie je ontvanger voor je.
4. 'Wees aanwezig' bij je ontvanger door jullie verbondenheid te belichamen en te ervaren. Woorden zijn vaak hele-

maal niet zo effectief als je een boodschap wilt overbrengen. Gebruik al je zintuigen. En geloof in je boodschap.

Voor nog meer effect en om het aardiger te maken overlaad je je ontvanger met mooie gedachten. Stuur haar de prachtigste zegeningen. Stel je voor dat zij de loterij wint, dat ze een date met Channing Tatum krijgt of een reis rond de wereld wint.

Onderzoeksverslag

Het Principe: Het 101 Dalmatiërs Principe

De Theorie: Je bent verbonden met alles en iedereen in het universum.

De Vraag: Kan ik een bericht naar iemand sturen zonder dat ik in zijn of haar aanwezigheid ben?

De Hypothese: Als ik tijdens de komende twee dagen een specifieke telepathische boodschap naar een specifieke persoon stuur, zal ik bewijs krijgen dat hij of zij het bericht heeft ontvangen.

Benodigde Tijd: 48 uur

De Aanpak: Oké, VM, ik hoor het melodietje van *The Twilight Zone* op de achtergrond, maar ik ben bereid mijn oordeel voor deze ene keer uit te stellen om te zien of dit een van die mysterieuze aspecten van de kwantumfysica zou kunnen zijn. Wat zeg je ervan?

Datum van Vandaag: _____ **Tijd:** _____

Aantekeningen:
_____
_____
_____

*Dat is in feite de enige moed die van ons wordt
gevraagd: dat we de moed hebben om het vreemdste,
eigenaardigste en onverklaarbaarste dat we kunnen
tegenkomen onder ogen te zien.*

– Rainer Maria Rilke, Boheems-Oostenrijks dichter

EXPERIMENT 9

HET BROOD EN VIS PRINCIPE

DE KOSMOS IS ONEINDIG, OVERVLOEDIG EN BUITENGEWOON WELWILLEND

De meeste mensen leren maar één hoek van hun kamer kennen, één plek bij het raam, één smalle streep waarover ze heen en weer blijven lopen.
– Rainer Maria Rilke, Boheems-Oostenrijks dichter

De premisse

Dit experiment maakt korte metten met de mythe dat het leven waardeloos is en je vervolgens doodgaat. De meesten van ons, of we het nu toegeven of niet, vinden het leven maar zwaar. We geloven dat we nooit genoeg krijgen – of het nu gaat om geld, tijd of popcorn bij de bioscoop. Zelfs mensen met Maserati's in de garage verspillen veel te veel tijd aan bedenken hoe ze meer kunnen krijgen.

En waarom? Omdat ze onterecht denken dat er niet genoeg is. Zelfs miljardairs, zelfs mensen die bulken van het geld, worden geleid door de beklemmende gedachte dat er 'niet genoeg is'. Een vriendin van mij interviewde de rijke eigenaar van een succesvol bedrijf dat op het punt stond een nieuw product te lanceren. Omdat ze de dollartekens in zijn ogen zag, vroeg ze hem of er een winstmarge, een succesindex of een aantal dollars was waarvan hij zou zeggen dat het 'genoeg' was. De bedrijfseigenaar was even stil, zuchtte en gaf het volgende antwoord: 'Jij snapt er echt niks van, hè. Het is nooit genoeg.'

Het lijkt wel een stoelendans. Iedereen is bang dat hij geen stoel heeft als de muziek stopt.

We zijn zo rijk dat we het niet kunnen meten, maar we hebben het gevoel dat we vastzitten, we zijn bang en altijd op onze hoede. Tuurlijk, we vinden onze maatschappij welvarend, maar dat is in meerdere opzichten slechts een illusie, bedrog, met dank aan de altijd aanwezige 'er is niet genoeg'-mantra. We zijn veel te druk met onze stoelendans, sneller en sneller rennen we rondjes om die denkbeeldige kring met stoelen, die steeds kleiner wordt. In tegenstelling tot alles wat je weet, stelt het Brood en Vis Principe dat er een natuurlijke wet van overvloed is en dat alles oké is – je mag ontspannen.

Toen Jezus 'bad' om de vermenigvuldiging van de vissen en broden maakte hij zich niet druk over hoe dat dan zou gebeuren. Hij maakte simpelweg één laserstraalachtige bundel van al zijn gedachten – namelijk dat overvloed zijn goddelijk recht was. En nu ga jij je normale gedachtepatronen voor de duur van dit experiment aan de kant zetten en toestaan dat ze worden vervangen door de mogelijkheid dat er genoeg is. Voor iedereen.

Er klopt iets niet aan dit plaatje
Als je denkt dat er een boeman is, moet je het licht aandoen.

– Dorothy Thompson, Amerikaans journalist en omroeper

Gebrek en tekort is onze standaardinstelling, onze staat van zijn die, zonder dat er verder vragen over worden gesteld, ons leven bepaalt. De overtuiging dat er 'niet genoeg is' begint gelijk al als 's ochtends de wekker afgaat: 'Hè, shit, ik heb niet genoeg geslapen.'
Nog voordat we rechtop zitten en onze voeten in onze konijnensloffen hebben gestoken, klagen we al over gebrek. En als we dan eindelijk zijn opgestaan, is het van: 'Nu heb ik niet genoeg tijd om me aan te kleden.'
En vervolgens gaat het van kwaad tot erger.
Ladingen energie verspillen we aan piekeren en klagen dat we niet genoeg krijgen. We hebben niet genoeg tijd. We krijgen niet genoeg beweging of vezels of vitamine E. We verdienen niet genoeg. Onze weekends duren niet lang genoeg. Arme wij, we zijn niet dun genoeg, niet slim genoeg en niet genoeg opgeleid.
En het komt niet in ons op eens te onderzoeken of die 'niet genoeg'-mantra wel klopt. Het idee zit zo diep geworteld dat het ons diepste gevoel van wie we zijn bepaalt. Gebrek is de lens geworden waardoor we elk facet van het leven ervaren.
Het is de reden dat we genoegen nemen met een baan waar we niet blij mee zijn. Waarom we in relaties blijven hangen die niet goed voor ons zijn. Waarom we nog een keer in de rij voor het buffet gaan staan, ook al hebben we allang genoeg gegeten. Waarom we systemen en instellingen hebben bedacht

om de toegang tot middelen die wij van waarde vinden en die op kunnen raken (iemand nog olie?), te reguleren. Als we ons niet zo druk zouden maken dat we niet genoeg krijgen, konden we ontspannen en de middelen die we wél hebben gebruiken om alternatieve energiebronnen te exploiteren, zoals de zon en de wind – energie die, ik haast me het erbij te zeggen, nooit op zal raken.

Dat idee dat we 'niet genoeg hebben' zet ons ertoe aan dingen te doen waar we niet trots op zijn, dingen die afbreuk doen aan onze hoogste idealen, dingen die de natuur vervuilen, dingen die ons afscheiden van ons hoogste zelf. En zodra we hebben besloten dat we gebrek lijden, gebruiken we al onze energie om ervoor te zorgen dat we niet worden overgeslagen, dat 'die ander' niks van ons afpikt.

Maar het zit dus zo. Het berust allemaal op een grote, dikke, ellendige leugen. Er is genoeg – voor iedereen. Wij leven in een groot, rijk universum, en als het ons lukt om van die ongegronde angst dat er niet genoeg is af te komen, kunnen we ophouden met spullen verzamelen (kom op, wie heeft er nu echt 89 paar schoenen nodig?) en onze energie gebruiken om ervoor te zorgen dat we allemaal krijgen wat we nodig hebben.

De Chumash-indianen, die duizenden jaren aan de centrale kust van Californië leefden, hadden wat ik noem een rijk en voorspoedig leven. Ze woonden in kleine, compacte dorpjes en maakten gebruik van de natuurlijke middelen uit hun omgeving om kano's, pijlen en geneesmiddelen te maken. Ze aten meer dan 150 soorten voedsel uit de zee, honingmeloen en pijnboompitten. Ze maakten dekens van huiden, pannen van zeepsteen versierd met schelpen, en fantastische manden, die zo dicht gevlochten waren dat je er water in kon doen. De Chumash deden bijna elke dag spelletjes, ze dansten, zongen slaapliedjes voor hun kinderen en genoten van reinigende zweetsessies in de *'apa'yik* van het dorp.

Tegenwoordig noemen we een dergelijke levensstijl 'primitief'. Het lijkt ons maar een zwaar bestaan. Maar ik zou liever zeggen dat de Chumash, anders dan wij, in een welvarende economie leefden. Voor de Chumash was er altijd van alles genoeg. Niet te veel. Niet te weinig. Genoeg. En het belangrijkste is dat er genoeg tijd was voor dingen die er echt toe doen – relaties, lekker eten, kunst, spelletjes en rust.

Op dit moment, met de middelen die je nu hebt (je hoeft geen nieuwe baan of relatie te zoeken en zelfs geen tijdrovende yogalessen te gaan volgen), kun jij beginnen aan een rijk en betekenisvol leven. En het mooie is dat je kunt ophouden met keihard werken. Doe het voor de verandering eens rustig aan.

'Bliss' happens*

> *Wat als die immense kracht werd gebruikt om mensen gelukkig te maken in plaats van ze gevangen te houden in de zakelijke en religieuze voedselketen?*
> – Mark Vicente, regisseur van *What the Bleep Do We Know!?*

Het komt erop neer dat we geen idee hebben van de beperkingen die we onze perceptie hebben opgelegd. Als we wer-

---

* Woordspeling op basis van de uitdrukking 'Shit happens', waarbij *bliss* staat voor geluk. [vert.]

EXPERIMENT 9   HET BROOD EN VIS PRINCIPE

kelijk begrepen hoezeer we de schoonheid van de wereld ontkennen, zouden we geschokt zijn.

We zijn zo in de war dat we niet eens iets kunnen ontvangen zonder daarvoor een offer te brengen. Maar nu komt het: de wereld heeft helemaal geen offers nodig, dat hebben wíj bedacht.

Laten we hier even bij stilstaan en ons realiseren hoe erg we de weg zijn kwijtgeraakt.

Een paar dagen na zijn 29e verjaardag kreeg Eckhart Tolle een heftige paniekaanval. Hij had suïcidale gedachten. Zijn leven was tot dan toe ellendig verlopen. Die avond bleef hij tegen zichzelf herhalen: 'Ik kan niet langer met mezelf leven.' En opeens, zo vertelt hij, 'voelde ik hoe ik in een leegte werd gezogen'.

Toen hij 'wakker werd' voelde hij alleen nog maar liefde, een staat van diepe, onafgebroken vrede en geluk.

Zijn intense emotionele pijn had zijn bewustzijn ertoe gedwongen zich terug te trekken van alle beperkingen die hij het had opgelegd. Dat gebeurde zo grondig dat zijn dolende zelf, zijn ongelukkige, intens angstige ik, in elkaar zakte als een opblaasbeest waar de plug uit is getrokken.

Bijna twee jaar lang deed hij niets anders dan in een gelukzalige staat op parkbankjes zitten.

Of neem Byron Katie. Deze makelaar uit Californië leidde een heel gewoon leven – twee huwelijken, drie kinderen, succesvolle carrière – toen ze in een diepe depressie raakte. Ze liet zich opnemen in een kliniek voor vrouwen met eetstoor-

nissen, omdat dat de enige instelling was die haar verzekering dekte. Toen ze 's nachts op zolder op de grond lag ('Een bed was ik niet waard, vond ik', zegt ze), werd ze plotseling wakker zonder de normaal verondersteld ideeën van opoffering.
'Alle gedachten die me hadden geplaagd, mijn hele wereld, *de* hele wereld, was verdwenen ... Alles was onherkenbaar geworden ... Vanuit de diepte welde een lachbui op, die naar buiten stroomde ... [Ik] was bedwelmd door vreugde', zegt ze in haar boek *Duizend Namen voor Vreugde*.
Ze ging naar huis, waar ze bij het raam ging zitten en dagenlang intens gelukkig naar buiten staarde.
'Het was alsof de vrijheid in me was ontwaakt', zegt ze.

Kolonel van Geelen, in de Serre, met de Engelse Sleutel*

Gezond verstand is de collectie vooroordelen die je hebt verzameld voordat je achttien was.
– Albert Einstein, Duits theoretisch natuurkundige

Ik was het bordspel *Cluedo* aan het spelen met wat vriendinnen van mijn dochter. We deelden de notitieblaadjes uit en legden het touw, de loden pijp en de andere miniatuurwapens in de miniatuurkamers van het miniatuurlandhuis.
Ik zei tegen Kylie, die Professor Pimpel speelde: 'Wil jij beginnen?'
De meisjes keken me aan alsof ik hun zojuist had gevraagd te gaan douchen in de jongenskleedkamer.

---

* Verdachte, plaats delict en moordwapen uit het spel Cluedo. [vert.]

EXPERIMENT 9 HET BROOD EN VIS PRINCIPE

'*Mam!*'

'*Mevrouw Grout!*' protesteerden ze luid.

'Wat? Heb ik iets verkeerds gezegd?'

'Iedereen weet dat Rosa Roodhart altijd begint.'

En zo legden ze me ook uit dat als je een vermoeden wilt uitspreken, je in het vertrek moet zijn waar de moord volgens jou heeft plaatsgevonden, en dat als je gebruik wilt maken van de geheime doorgang, dat alleen kan tussen de eetkamer en de keuken of tussen de bibliotheek en de serre.

'Wie zegt dat?' vroeg ik.

'De spelregels. Hier staat het.' Een van hen duwde het keurige vel met spelregels onder mijn neus.

Deze 'onbetwistbare regels' deden me denken aan hoe wij 'het leven spelen'. Iemand heeft besloten dat de wereld 'zo werkt', en omdat we allemaal zijn overeengekomen het zo te zien, zijn we het de 'realiteit' gaan noemen.

Maar nu blijkt dat we allemaal voor het lapje zijn gehouden. Bijna alle ideeën en oordelen die wij voor waar aannemen zijn grove vertekeningen van hoe de dingen werkelijk zijn. Alles waarvan wij denken dat het 'echt' is, is slechts een reflectie van de '*Cluedo*-regels' die we met zijn allen hebben afgesproken. De wereld die we denken te zien is slechts de projectie van onze eigen individuele '*Cluedo*-regels'.

Misschien wordt het tijd dat we die '*Cluedo*-regels' in kleine stukjes knippen en als confetti gebruiken. Totdat we dat doen, totdat we eindelijk snappen dat er van ons wordt gehouden, dat we liefde waard zijn en dat wij vol van liefde zijn, zullen we ons leeg voelen, ons afvragen wat onze bestemming is en waarom we hier zijn.

En daarom hebben we een nieuwe lens nodig om de wereld door te bekijken.

Anekdotisch bewijs

Somber zijn is makkelijker dan opgewekt zijn. Iedereen kan zeggen: 'Ik heb kanker' en het publiek op de kast krijgen. Maar hoeveel van ons kunnen vijf minuten lang goede stand-up comedy neerzetten?
– P.J. O'Rourke, voormalig *Rolling Stone*-correspondent

Caryn Johnson wist altijd al dat ze acteur wilde worden. Ze zegt zelfs dat haar eerste duidelijke gedachte als klein kind was: *Tjonge, wat zou ik graag acteren*.

Hoewel ze opgroeide in een New Yorkse achterstandswijk, speelden theater en wat zij noemde 'doen alsof je iemand anders bent' een grote rol in haar leven. Dit was in de tijd dat Joe Papp ervoor zorgde dat haar buurt in de wijk Chelsea gratis naar Shakespeare-voorstellingen kon. Verder keek ze veel films met haar broer, Clyde, en haar moeder, Emma, die haar twee kinderen grootbracht op één salaris.

'Toen ik Carole Lombard van een of andere trap zag afdalen in iets langs van satijn, dacht ik: dat kan ik ook', zegt ze. 'Ik wilde ook die trap afdalen en die woorden zeggen en dat leven leiden. In zo'n film kon je zijn wie je maar wilde. Je kon vliegen. Je kon buitenaardse wezens ontmoeten. Je kon koningin zijn. Je kon in een gigantisch bed slapen, met satijnen lakens, in je eigen kamer.'

Toen ze acht jaar was, acteerde ze bij het Hudson Guild Community Center, een kinderopvang/theater/kunstschool bij haar in de buurt.

Op de middelbare school raakte ze op een zijspoor toen ze door dyslexie ten onrechte werd bestempeld als 'traag, mogelijk zwakbegaafd'. Ze werd van school gestuurd, raakte verslaafd aan drugs en vergat haar droom om acteur te worden compleet. Toen ze 19 jaar was, was ze zelf alleenstaande moeder.

Gelukkig lukte het haar om af te kicken. Om precies te zijn was de vader van haar dochter de hulpverlener die haar hielp er vanaf te komen. Maar helaas was hij minder geschikt voor het vaderschap. Hij vertrok een paar maanden na de geboorte van hun dochter Alexandra.

Caryn had geen diploma en geen bijzondere vaardigheden. Het enige waar ze goed in was, was voor kinderen zorgen. Ze ging aan het werk als kindermeisje en verhuisde naar Lubbock, Texas, met de vriend die haar inhuurde. Uiteindelijk verhuisde die vriend naar San Diego, en Caryn en haar dochter gingen maar al te graag mee.

Toen de relatie eindigde zat ze vast in Californië, zonder geld en zonder kwaliteiten waar ze iets mee kon. Ze kon niet eens autorijden, wat het grootste obstakel was in Californië, waar iedereen zweert bij de snelweg.

'Ik had geen middelbareschooldiploma', zegt ze. 'Alles wat ik had was mezelf en mijn kind.'

O ja, en die *Tjonge, wat zou ik graag acteren*-droom. Overdag leerde ze metselen en deed ze een visagie-opleiding. 's Avonds speelde ze bij een experimenteel theatergezelschap. Een tijdlang werkte ze als visagiste bij een begrafenisonderneming, vulde ze haar inkomen aan met een uitkering en 'piekerde ik me suf over hoe ik mijn kind meer dan één paar schoenen kon geven, of hoe we de maand doorkwamen met 165 dollar aan boodschappen'.

Al die tijd bleef ze geloven dat 'alles mogelijk is'. Ze bleef ervan overtuigd dat ze zoals Carole Lombard kon zijn, die in satijn de trap af schrijdt.

'Acteren is het enige waarvan ik altijd wist dat ik het zou kunnen', zegt ze.

Haar rotsvaste geloof opende uiteindelijk deuren voor haar. In 1983 zag de beroemde Hollywood-regisseur Mike Nichols haar toevallig in Berkeley optreden met een experimenteel theatergezelschap genaamd The Black Street Hawkeys. Hij was zo onder de indruk van de rollen die ze speelde, dat hij haar direct strikte voor een onewomanshow, *The Spook Show*, op Broadway. Steven Spielberg zag die show en gaf haar de rol van Celie in *The Color Purple*. Ze had haar naam inmiddels veranderd in Whoopi Goldberg.

'Ik kan doen wat ik wil. Ik kan zijn wie ik wil. Niemand heeft ooit tegen me gezegd dat dat niet kon. Niemand heeft me ooit het idee gegeven dat ik beperkt ben tot één ding, dus ik denk in mogelijkheden, en niet in onmogelijkheden', zei Whoopi in haar autobiografie, *Book*.

'Ik wist dat ik nooit water in wijn zou kunnen veranderen, of katten kon leren Frans te spreken. Maar ik had ook geleerd dat wanneer je dingen benadert zonder dat je van tevoren al hebt bepaald wat ze zijn, de hele wereld je canvas kan zijn.

Je hoeft het alleen maar te dromen om het werkelijkheid te laten worden. Ik geloof dat ik thuishoor waar ik wil zijn, in welke context of situatie ik mezelf ook plaats. Ik geloofde dat een klein meisje haar eenoudergezin in een achterstandsbuurt van Manhattan kon ontgroeien, haar eigen eenoudergezin kon beginnen, zich door zeven jaar in de bijstand en met rare baantjes heen kon slaan en toch nog kon eindigen als filmmaker.

Dus ja, ik denk dat alles mogelijk is. Ik weet dat omdat ik het heb meegemaakt. Ik weet het omdat ik het heb gezien. Ik ben getuige geweest van dingen die ze vroeger wonderen noemden, maar dat zijn geen wonderen. Het zijn de resultaten van iemands droom. Wij mensen zijn in staat een paradijs te creëren, en elkaars leven beter te maken met onze eigen handen. Ja, ja, ja – dat is mogelijk.

Als iets niet is gebeurd, is dat niet omdat het niet kan gebeuren of nooit zal gebeuren: het is gewoon nog niet gebeurd.'

Meer anekdotisch bewijs

De kracht van je geest gebruiken kan effectiever zijn dan de geneesmiddelen nemen waarvan je gewend bent te geloven dat je ze nodig hebt.
– Dr. Bruce Lipton, Amerikaans celbioloog

Myrtle Fillmores leven draaide jarenlang om haar overvolle medicijnkastje. De toekomstig medeoprichter van de Unity Church leed niet alleen aan tuberculose, wat ertoe leidde dat ze bloed ophoestte en bijna altijd koorts had, maar ze had ook nog chronische malaria. Op een dag woonde ze een lezing bij van New Thought-leraar dr. E.B. Weeks, die de gewaagde bewering deed dat de algoede God niemand ooit ziekte zou toewensen. En dat, zo ging hij verder, als zij zich op deze liefdevolle geest richtte, ze haar ware zelf zou ontdekken – en dat die alleen maar gezond kon zijn.

Myrtle begon steeds dezelfde affirmatie te herhalen: 'Ik ben een kind van God en daarom ben ik niet ziek.' Ze weigerde nog langer te 'oordelen op basis van wat ze zag' en prees de vitale energie van God in elke cel van haar lichaam. Beetje bij beetje knapte Myrtle op. Binnen twee jaar was er niets meer te merken van de ziekten die ze had gehad.

Myrtle's echtgenoot, Charles, had de wonderbaarlijke genezing van zijn vrouw meegemaakt en besloot dezelfde affirmaties uit te proberen. Ook hij werd beschouwd als invalide. Door een schaatsongeluk in zijn jeugd en de verschillende operaties die daarop volgden was zijn heupgewricht zwaar beschadigd geraakt en zijn ene been gestopt met groeien. Hij droeg een metalen verlengstuk om zijn benen even lang te maken. Het leek hem het beste om maar te leren leven met de pijn.

Net als Myrtle begon Charles affirmaties uit te spreken dat er een welwillende, almachtige energiekracht is. Hij genas niet alleen binnen een jaar van de pijn, maar zijn korte been werd ook nog even lang als het andere. De kosmos zorgde voor hem.

De methode

De realiteit is slechts een illusie, maar wel een hardnekkige.
– Albert Einstein, Duits theoretisch natuurkundige

Dit experiment toont aan wat Sally Field eindelijk ontdekte toen ze de Oscar voor *Places in the Heart* won: 'Jullie mogen mij. Jullie mogen me echt.' Het bewijst hoe subliem onze wereld werkelijk is.

De komende 48 uur gaan we alles wat mooi en goed is bijhouden.

De wereldgeschiedenis is, uiteraard, geschreven met bloed – oorlogen, verraad en strijd. Maar zoals paleontoloog Stephen Jay Gould zei: 'Aan de hand van fossielen zien we dat er lange, ononderbroken perioden van biologische stabiliteit zijn geweest.'

In feite is het een structurele paradox dat één gewelddadig incident onze aandacht afleidt van 10.000 daden van liefde. Menselijk fatsoen, vriendelijkheid en schoonheid, zo beweerde hij, zijn de norm.

Hij noemde het onze plicht, onze heilige verantwoordelijkheid, om het grote belang van alle ontelbare kleine, vriendelijke gebaren, die maar al te vaak onopgemerkt en onzichtbaar blijven, te zien en te erkennen.

Houd de komende twee dagen een dagboek bij de hand, en maak een lijst van al het aardige dat je tegenkomt. Hier zijn wat voorbeelden van dingen die je kunt opschrijven:

- ☐ 'Mijn vrouw gaf me een zoen toen ik naar mijn doktersafspraak ging.'
- ☐ 'De receptioniste en ik hebben elkaar foto's laten zien van haar baby en mijn nieuwe kleinzoon.'
- ☐ 'Toen ik met een stapel boeken in mijn handen mijn kantoor wilde binnengaan, hield iemand die ik niet ken de deur voor me open.'
- ☐ 'De man achter de lunchbalie lachte naar me en zei: "Hoe is-ie?"'
- ☐ 'Omdat de kantine overvol was, deelden de studenten tafels met elkaar.'

- 'Toen ik gedoe had met mijn e-mail, hielp mijn collega me.'
- 'Een collega in een ander deel van het land reageerde vriendelijk en behulpzaam op mijn kribbige mailtje.'

Onderzoeksverslag

Het principe: Het Brood en Vis Principe

De theorie: De kosmos is oneindig, overvloedig en buitengewoon welwillend.

De vraag: Zorgt het feit dat ik mijn aandacht te veel op het negatieve richt ervoor dat ik de werkelijkheid niet zie?

De hypothese: Als ik mijn kijk op dingen verander en me bewust richt op al het goede, op schoonheid en overvloed, zal het met bakken tegelijk verschijnen.

Benodigde tijd: 48 uur

Datum van vandaag: _____ **Tijd:** _____

Aantal aardige, mooie, goede dingen: _____

De aanpak: Ik ken de uitdrukking 'wat je op prijs stelt, stijgt in waarde'. Dus ik waag het er gewoon op. Je weet maar nooit. Misschien is dankbaarheid tonen meer dan Pollyanna[*]/Oprah-gebrabbel. Willie Nelson zei tenslotte dat toen hij zijn zegeningen begon te tellen, zijn hele leven veranderde. Net als Willie ben ik klaar om voor vrede, geluk en vreugde te gaan, alsof mijn leven ervan afhangt.

---

[*] Pollyanna is de hoofdpersoon in de gelijknamige roman van Eleanor H. Porter uit 1913. Dit 11-jarige weesmeisje verzint een manier om troost en geluk te vinden in de meest ellendige situaties: door altijd en overal zoveel mogelijk dingen te bedenken waar je blij mee bent. [vert.]

Aantekeningen:

_____
_____
_____

*Elk moment biedt ons meer mogelijkheden
dan we ons realiseren.*
– Thich Nhat Hanh, boeddhistisch monnik en vredesactivist

NAWOORD

MAAK ELKAAR GELUKKIG

Het is goed om bij elkaar te komen met het doel samen iets tot stand te brengen.
– Abraham-Hicks

High five! Gefeliciteerd! Je hebt het eind van het boek gehaald, en hopelijk ook van de negen experimenten. Je was zo dapper om de uitdaging aan te gaan. Dat betekent dat het moeilijkste achter de rug is. Maar als je het hierbij laat, loop je het mooiste van dit hele avontuur mis. Want nu gaat het zijn vruchten afwerpen.
Ik stel voor dat je in je woonplaats, je kerk of wat mij betreft in de bouwmarkt (niet zeggen dat ik je heb gestuurd) een groep opricht met andere lezers van *E-Kwadraat*.
Het VM is altijd bij ons en begeleidt ons altijd, maar soms helpt het als menselijke gedaanten ons daaraan herinneren. En we kunnen zo goed gezelschap gebruiken!
Daarom is het zo belangrijk om partners in crime te vinden, andere spirituele strijders die naar je willen luisteren, je aanmoedigen en je eraan herinneren waarom je dit ook alweer

precies doet. Zoals Abraham-Hicks het graag zegt: 'Als je raakt afgestemd op energieën die werelden creëren, zal de kosmos je aan anderen met hetzelfde trillingsniveau koppelen.'

Het lijkt haast een kosmisch relatiebureau. Deze 'teamgenoten' zullen je trillingsgebied binnenkomen (gelijkgestemden trekken elkaar aan) en samen kunnen jullie de energie 'kwadrateren' tot ze exponentieel explodeert en er een spannende nieuwe wereld en een heerlijke nieuwe manier van zijn ontstaat. De hoofdregel? Ga lekker spelen, maak plezier. Dat is de allerbeste manier om energie vrij te maken, en dat zal het altijd zijn.

Zorg voor een geborgen sfeer, waarin ieder zich veilig en gewaardeerd voelt. Het hoeft geen uren te duren. Misschien doen jullie het wel telefonisch. Waar het om gaat is dat je mensen verzamelt met wie je de uitkomsten van je experimenten kunt delen – mensen die ook met de experimenten bezig zijn. Vertel elkaar je verhalen. Inspireer elkaar. Verzin nieuwe experimenten. Mijn groep draagt elke week een nieuw experiment aan. Dat kan alles zijn van de energie tot rust brengen in een volle, drukke ruimte (werkt perfect: je straalt gewoon vrede en kalmte uit en ziet hoe het de energie in bijvoorbeeld een restaurant of bij een hectische vergadering verandert) tot de stemming veranderen in een relatie waarin je op de automatische piloot oordeelt en conclusies trekt. Mijn groep heeft er zoveel plezier in om verslag te doen van successen of te vertellen over de keren dat het niet lukte om oude patronen los te laten – dat zijn allebei goede lessen.

In zo'n gezelschap ontkom je er niet aan te praten over hoe je zou willen dat het leven eruitziet, en je daarop te focussen, in plaats van op hoe het er nu misschien uitziet. In plaats van te vragen 'Wat is er mis?' – misschien wel de meest herhaalde vraag in de Engelse taal – focus je je op de vraag 'Wat is er goed?' Dat is de enige vraag die echt van belang is. Het antwoord is het nieuwe, veel gelukkiger verhaal waar je aan werkt. Geef elkaar bij elke bijeenkomst voorbeelden die laten zien hoe jouw leven verbetert en zich ontwikkelt.

En vergeet zoals altijd niet dankbaar te zijn, de slingers op te hangen, affirmaties uit te spreken en te dromen, terwijl je de volgende drie dingen in je achterhoofd houdt:

1. Jij bent geweldig. Of je het nu beseft of niet, jij bent een ongelooflijk machtig energetisch wezen. De mogelijkheden stromen door je botten.
2. Het fantastische veld van mogelijkheden is onbegrensd. Werkelijk alles is mogelijk. Je hoeft alleen maar bereid te zijn je geest open te stellen, je 'oldschool' staat van zijn los te laten en je te richten op mooiere, vrijere en grotere ideeën.
3. We moeten het samen doen. Als wij om elkaar denken en de moeite willen nemen om elkaar te waarderen en samen te spelen, gaan we er allemaal op vooruit – we worden er allemaal gelukkiger van. Natuurlijk, je kunt ook in je eentje naar de finish lopen. Maar het is zoveel aangenamer om de reis samen te ondernemen, om samen je stem te verheffen in één geweldig, gelijkgestemd *joehoe!*

DANKWOORD

Ze zeggen dat er een heel dorp voor nodig is om een kind groot te brengen. Nou, dat is er ook voor nodig om een boek te maken.

In het 'dorp' achter *E-Kwadraat* wonen onder meer:

Alle coole mensen bij Hay House: Alex Freemon, Shannon Littrell, Christy Salinas, Pam Homan, en Stacey Smith, die me vanaf het begin heeft gesteund. Dankjewel, Stacey! En dankjewel, Christy, voor het realiseren van de prachtige omslag.

Alex, ik ging misschien steigeren toen ik al je opmerkingen en correcties zag, maar inmiddels buig ik diep voor je inzicht. Met jou is een gebed verhoord.

Jim Dick, die in de top drie van geduldigste mensen op deze planeet hoort; Kitty Shea; Joyce Barrett; Betty Shaffer; the Fusion Sisters; mijn mede-spiritueel-ondernemers-op-de-woensdagochtend; mijn Vortex-groep; en, uiteraard, Taz.

OVER DE AUTEUR

Pam Grout schreef zestien boeken, drie toneelstukken, een televisieserie en twee iPhone-apps. Ze schrijft voor het tijdschrift *People*, CNNgo.com, *The Huffington Post* en haar eigen reisblog, www.georgeclooneyslepthere.com. Lees meer over Pam en haar originele kijk op het leven op haar website, die sporadisch wordt bijgewerkt: www.pamgrout.com.